Dr. Hans-Dieter Willkomm

Im Banne der Burg Stolpen

Man sah den Wegen
am Abendlicht an,
dass es Heimwege waren.
ROBERT WALSER

Dr. Hans-Dieter Willkomm

Im Banne der Burg Stolpen

Nordwest Media Verlagsgesellschaft GmbH

Inhalt

4
Das steile Umbaltal in Osttirol

5
Schauflertraumrevier Gyulaj

6
Pobackenberg Savanne

Widmung

Dieses Buch widme ich dem Andenken an
meinem Vater, der mich lehrte,
dass Jagd mehr ist, als seelenlose Erbeutung
einer Kreatur, sondern wie der Jäger
mit dem Geschenk seines Jägertums umgeht.
Jagen hat etwas mit geistigem Reichtum
zu tun.
Bewusstes Jagen ist Erwartung – und
in diesem Sinne ist Jagd eine Bereicherung
des Lebens.
Damit gehört sie zu den großen Erlebnissen,
die die Welt zu bieten hat.

1
Burg Stolpen –
die Schicksalhafte

*Burg Stolpen,
ein kulturhistorisch
bedeutendes
Baudenkmal.*

Burg Stolpen

Im Stolpener Land zwischen Sächsischer Schweiz, dem romantischen Gebirge, und dem Lausitzer Bergland liegen meine jagdlichen Wurzeln.

In dieser anmutigen Landschaft wurden mir schon in früher Jugend glückliche, jagdliche Stunden zuteil, die bis heute ihre Leuchtkraft nicht verloren haben. In meiner Schulzeit bei einer Klassenfahrt war sie das Ziel – die Burg Stolpen. Von vielen Revierstellen des von meinem Vater zu betreuenden Jagdgebietes 16 im ehemaligen sächsischen Kreis Sebnitz, eröffnet sich bei klarer Sicht ein traumhafter Blick auf die Gemäuer der Burg Stolpen. Im Frühjahr, wenn man vom Kammergut Neudörfel bei Stolpen entlang der blühenden Pflaumenhecke zum Pfaffenteich spaziert, bietet sich ein besonders schöner Blick auf die Burg.

Der Basaltberg Stolpen liegt im Grenzbereich der Markgrafschaft Meißen zwischen sorbisch besiedelten Gebieten östlich der Elbe im Kreuzungsbereich wichtiger Handelsstraßen. Die erste urkundliche Erwähnung der Burg stammt aus dem Jahr 1222. Auf der höchsten Erhebung des Stolpener Basalts wurde die Burg mit dem örtlich vorkommenden Basalt erbaut.

Der wettinische KURFÜRST AUGUST VON SACHSEN erkannte die strategisch wichtige Lage von Stolpen und zwang 1559 den BISCHOF VON MEISSEN, die Burg und das Amt Stolpen gegen ein weniger wichtiges Amt einzutauschen. Damit ging die 250-jährige bischöfliche Zeit der Burg zu Ende. Nach der Übernahme begann der Kurfürst mit umfassenden Bautätigkeiten im Stile der Renaissance. Auf diese Weise wurde die Höhenburg in ein wehrhaftes Schloss umgewandelt. Die Wohnräume wurden prächtig ausgemalt. Im südlichen Teil des Burgberges wurde ein Tiergarten angelegt.

Im 17. Jahrhundert wurde das Schloss auch als Jagdschloss genutzt. Im Jahr 1632 wurden große Teile der Burg durch Brand zerstört. Jedoch konnte nach dem schnellen Wiederaufbau eine weitere Belagerung durch die Schweden 1639 abgewendet werden. In napoleonischer Zeit kam Sachsen kurzzeitig unter französische Besatzung und so auch die Burg Stolpen.

Im August 1813 wurden Burg und Stadt Stolpen ein französisches Militärlager. NAPOLEON selbst hat am 25. August 1813 im heutigen Stadtmuseum am Markt übernachtet. Der große strategische Planer ließ für seine Truppenbewegungen an mehreren Stellen in der Sächsischen Schweiz Straßen ausbauen oder auch komplett neu anlegen und mit Pappeln bepflanzen als strategisch wichtige Verbindungen.

So führt von Stolpen eine der „Napoleonstraßen" in südlicher Richtung nach Heeselicht und weiter ins Elbtal nach Königstein. Der Alleenabschnitt der Straßen ist gut erkennbar.

Nach dem gescheiterten Russlandfeldzug sprengte die französische Armee am 25.9.1813 im Verlauf ihres Rückzuges umfangreiche Teile der Burganlage. Nach dem Rückzug der Franzosen aus Sachsen verlor die Burg ihre zwischenzeitlich wiedererlangte militärische Bedeutung. Doch im Zuge der Romantik kristallisierte sich das Mittelalter als ideale Epoche heraus, und die Burg wurde nun im touristischen Sinne bedeutsam.

Warum trägt die Burg Stolpen den Beinamen „Die Schicksalhafte"?

Im 18. Jahrhundert diente die Burg Stolpen als Gefängnis für die Gräfin ANNA CONSTANTINA VON COSEL, einer Mätresse AUGUSTS DES STARKEN. In kurzer Zeit stieg sie zur mächtigsten Frau an der Seite AUGUST des STARKEN als „Gemahlin zur Linken" auf.

Das schöne Umfeld der Burg Stolpen – eine reizvolle jagdliche Landschaft.

Hier auf der Burg Stolpen begann das tragische Schicksal einer faszinierenden Frau: ANNA CONSTANTINA REICHSGRÄFIN VON COSEL.

Als 36-Jährige wurde die schöne Adlige auf Burg Stolpen inhaftiert – ausgerechnet am Heiligabend des Jahres 1716 … . Und dort blieb sie bis zu ihrem Tode – sie starb am 31. März 1765 im 85. Lebensjahr, und wurde in der Stolpener Burg-Kapelle bestattet.

Heute – 300 Jahre später – ist nicht sicher geklärt, was damals genau vorgefallen ist. Was war ihr Vergehen, um so tief zu fallen? Warum wurde die Beinahe-Königin aus dem glanzvollen Leben am sächsischen Hof ausgestoßen, um ihr restliches Leben eingesperrt und vergessen auf einer entlegenen Burg zu fristen? Es ist die Tragödie um die gescheiterte Mätresse. Sie soll sich zu stark in die Regierungsgeschäfte eingemischt haben … . Wurde sie nie begnadigt? Als

sie nach einem Erlass vom Sohn AUGUSTS DES STARKEN, der inzwischen die Regierung übernommen hatte, durch den Kanzler KÜJAU die Freilassungsurkunde im Jahr 1745 erhielt, sagte sie nur: „… Lasst mir mein kleines Reich!" und sie blieb hier bis an ihr Lebensende. Auf diese Weise hat ihr Schicksal sie unsterblich gemacht. Immer, wenn ich bei meinen Wanderungen im alten Revier die Burg Stolpen im Blick habe, kommt mir das Schicksal der GRÄFIN COSEL in den Sinn, die in dem markanten Johannisturm ihre Wohnräume hatte. In den Jahren 1935 –1939 wurde die Burg Stolpen ausgebaut.

1992 übernahm der Freistaat Sachsen die Burg, sie wurde ein staatlicher Schlossbetrieb, und auch weitere Teile der Burg wurden restauriert.

9

Das Eschdorfer Revier

Nachdem mein Vater seine letzte Berufsjäger-stelle, die Betreuung der Pachtreviere des Dresdner Baumeisters MAX PREISS, Porschen-dorf und Wünschendorf bei Pirna, aufgegeben hatte und vom „Preißhof", dem Jagdhaus in Porschendorf nach Dittersbach in das „Landhaus Wilhelmine"– benannt nach meiner Großmutter – gezogen war und meine Mutter 1938 heiratete, ging es mit der Jagd weiter.

Er konnte in die Pacht des Gemeindejagdreviers des Nachbardorfes Eschdorf einsteigen. Als dieses Revier 1945 verloren ging, und er seine geliebten Jagdgewehre abgeben musste, erhielt er 1946 die Genehmigung zum Raubwildfang in seinem alten Eschdorfer Revier.

Zu diesem ehemaligen Eschdorfer Pachtrevier gehörten die landwirtschaftlichen Flächen der Bauernwirtschaften – 58 Einzelhöfe mit einer Nutzfläche von 522 Hektar – zu beiden Seiten der Ortsdurchfahrtsstraße von der Bautzener Landstraße am Schänkhübel bis zu den letzten Häusern des Rosinendörfchens.

Der Ort Eschdorf bei Dresden zieht sich auf einer Länge von rund 4 Kilometern beiderseits des Schullwitzbaches hin. Zu den Feld- und Wiesenflächen links des Schullwitzbaches gehörten die sich anschließenden Bauernwaldflächen des Waldgebietes der Harthe, bzw. die in der Feldflur liegenden kleinen Bauernbüsche – Hügel, die nicht wie Felder bestellt werden konnten. Die Feldflächen rechts des Schullwitzbaches reichen bis an den Triebenberg. Die wenigen Bauernwaldflächen grenzen an den Landeswald oberhalb der Hohen Brücken.

Der Triebenberg

Mit 383 Metern über NN ist der Triebenberg die höchste Erhebung im Schönfelder Hochland. Die oberste Kuppe ist bewaldet.

Nach Kriegsende 1945 wurde auf dem Gipfelplateau gut getarnt hinter Kiefern ein sowjetischer Militärposten eingerichtet. Heute befindet sich auf dem Triebenberg eine Außenstelle. der Technischen Universität Dresden. Es entstand ein Labor für Höchstauflösungs-Elektronenmikroskopie.

Die „Hohen Brücken" – eine Landschaft mit jagdgeschichtlichen Denkmalen

In den bewaldeten Ausläufern der Dresdner Elbtalhänge, die sich bis vor die Stadt Pirna hinziehen, befinden sich am „Oberen Pillnitzer Jagdweg" die „Hohen Brücken" – eine für Sachsen einmalige Brückenlandschaft mit ehemals neun steinernen, jagdgeschichtlichen Denkmalen! Sechs von ihnen sind heute noch vorhanden.

Der „Obere Pillnitzer Jagdweg" beginnt in Dresden-Pillnitz oberhalb des ehemaligen königlichen Weinberges und verläuft in einem Höhenbereich von 200 bis 300 Metern. Bereits seit 1974 zählt die Waldschlucht mit den „Hohen Brücken" zum „Landschaftsschutzgebiet Pillnitzer Elbhänge – Schönfelder Hochland".

Der bergige Fichten-Kiefern-Forst zwischen der Graupaer und der Wünschendorfer Flur war einst ein beliebtes Pirschgebiet der sächsischen Kurfürsten und Könige. Die Jagdwege stellten die Verbindungen zu den Schlössern Stolpen und Lohmen her. Sie existierten bereits im 16. Jahrhundert und erleichterten die ungehinderte Fortbewegung der Jagdgesellschaft in Wald und Flur. Daraus ergab sich im Borsbergwald eine Wegeteilung in den „Oberen" und einen „Unteren Jagdweg".

Der Brückenbau steht im Zusammenhang mit der regen Bautätigkeit des italienischen Grafen

Camillo Markolini, eines Günstlings des damaligen Kurfürsten August III., des nachmaligen Königs Friedrich August I. von Sachsen. Auf Graf Markolini, den Förderer des sächsischen Bauwesens, geht die Erschließung des Borsberggebietes zurück. Dieser bewaldete Teil der Dresdner Elbhänge entsprach den Jagdbedürfnissen des Dresdner Hofes.

Als das Pillnitzer Schloss zur Sommerresidenz avancierte, wurde der Bau der „Hohen Brücken" am Oberen Jagdweg in Angriff genommen. Die tiefen Kerbtäler und Hangdellen im Quellgebiet des Bonnewitzer Baches wurden Ende des 18. Jahrhunderts mit neun Bauwerken überbrückt, wodurch die Jagdwege nun auch mit Pferden und Wagen passierbar waren. Dem Hof und seinen Gästen wurden darüber hinaus zusätzliche Landschaftserlebnisse zuteil.

Allerdings sind diese Brückenbauten stilistisch gesehen keine Barockbauten, wie zu vermuten wäre, denn bereits vor 1789 hatte ein stilgeschichtlicher Umbruch eingesetzt. Die neun Brücken wurden in einer Übergangszeit errich-

Brücke X mit vier Gewölben, die eigentliche „Hohe Brücke" in Form eines Viadukts.

tet, die als „Zeit der Empfindsamkeit" bezeichnet wird. Beim Baustil drückte sich das unter anderem in einer Wiederanwendung romanischer Elemente aus. Dazu gehören Stichbögen und Bogenstockwerke, wie sie insbesondere erkennbar sind bei der letzten, der eigentlichen „Hohen Brücke", deren Anblick an ein römisches Aquädukt erinnert.

Die Bezeichnung „Hohe Brücken" übertrug sich schließlich im Lauf der Zeiten auf alle neun am Oberen Pillnitzer Jagdweg im Einzugsbereich des Bonnewitzer Baches gelegenen Steinbrücken – die man ursprünglich gemeinhin als „Jagdbrücken" bezeichnete. Die Ausstattung eines Teils der Brücken im Borsberggebiet erfolgte mit römischen Ziffern. So handelt es sich bei der Brücke VII um eine Sandstein-Gewölbebrücke mit einem Bogen. In der talseitigen Brüstung befindet sich über dem Gewölbescheitel ein Stein mit der Nummer VII (außen) und Nummer VI (innen). Das weicht von den Nummern der anderen Brücken ab, bei denen außer der römischen Zahl auch immer eine Krone eingemeißelt ist. Dass zwei Zahlen vorhanden sind, ist ebenfalls einmalig. Offenbar hatte man sich in der Nummerierung

Brücke VIII Sandstein-Gewölbebrücke mit zwei Bögen.

geirrt und musste sich korrigieren. Die Brücke VIII besteht aus zwei übereinander liegenden Gewölben. Über dem oberen Gewölbescheitel ist ein Stein eingemauert, der außen eine Krone und die römische Zahl VIII aufweist.

Die Brücke IX ist eine aus Sand- und Granitsteinen errichtete Gewölbebrücke mit vier Bögen. An der Talseite ist ein Stein mit einer Krone und der römischen Zahl IX eingemauert. Die Länge des Bauwerks zwischen den Brüstungen beträgt 24 m, somit ist diese die zweitlängste der Hohen Brücken.

Die Brücke Nr. X mit vier Gewölben – ein Gewölbe ist über den drei unteren angeordnet – ist die eigentliche Hohe Brücke. Auch bei diesem Bauwerk handelt es sich um eine Gewölbebrücke, allerdings in der Form eines Viadukts mit mehreren übereinander gestellten Bögen.

Als einzige Brücke weist diese eine Jahreszahl aus der Zeit der Erbauung auf. An der östlichen Talseite wurde eine sandsteinerne Tafel mit den Initialen „F A" für FRIEDRICH AUGUST mit der Jahreszahl 1789 in die Mauer eingefügt. Ein Nummernstein mit römischer Ziffer X und Krone ist in der talseitigen Brüstung eingelas-

sen. Die Gesamthöhe dieser Brücke bis zur Oberkante der Brüstung beträgt talseitig 11 m. Die Gesamtlänge zwischen den Brüstungen beträgt 45 m.

Die eigentliche Brücke ist 33 m lang, ihre Breite beträgt 3,5 m. Als letzte der Hohen Brücken erfolgte hier die Sanierung in den Jahren 1985/86. Im Jahr 1982 hatte man mit der Instandsetzung der verfallsgefährdeten Brücken begonnen, danach sind sie nun auch wieder begehbar. Die Brücken Nummer VII, VIII, IX und X sind die markantesten von den ehemals neun Brücken am Jagdweg.

Anlässlich des „1. Landschaftstages Pillnitzer Elbhänge" am 18. Oktober 1986 wurde an der eigentlichen „Hohen Brücke" nahe der Steinplatte von 1789 eine zweite Gedenktafel zum Abschluss der grundhaften Instandsetzung angebracht. Die anderen Brücken sind von bescheidenerem Ausmaß.

Die Bezeichnung „Hohe Brücken" übertrug sich schließlich im Lauf der Zeiten auf alle neun am Oberen Pillnitzer Jagdweg im Einzugsbereich des Bonnewitzer Baches gelegenen Steinbrücken – die man ursprünglich gemeinhin als „Jagdbrücken" bezeichnete. In den Jahren 1982–1986 setzte man die verfallsgefährdeten Brücken instand, seitdem sind sie auch wieder begehbar.

Oberhalb der „Hohen Brücken" am Ende des Elbhanges zur Sächsischen Schweiz erhebt sich der aus Sandstein aufgebaute 294 Meter hohe Doberberg, auf dem 1933 unter Leitung des Baumeisters MAX PREISS ein Ehrenmal in Form eines Steinblockes mit Holzkreuz errichtet wurde.

Sobald ich als Knirps gut zu Fuß auf den Läufen war, nahm mich mein Vater oft mit in sein altes Eschdorfer Revier, um die Fuchs- und Dachsbaue zu kontrollieren, ob sie „befahren" seien. So wurde ich mit den ersten Begriffen aus der Jägersprache bekannt gemacht, worauf mein Vater großen Wert legte – wie ich später erfahren sollte.

Die Harthe

Der Wald heißt **Harthe** – und mein Vater erzählte mir oft von all diesen Örtlichkeiten, was ich erst später so richtig erfasste.

Die Harthe ist ein östlich der sächsischen Landeshauptstadt Dresden gelegenes Waldgebiet, sie umfasst zusammen mit dem Karswald – ein mit Wiesen und sumpfigen Flächen durchzogener Landschaftsbereich zwischen den Orten Arnsdorf, Fischbach und Rossendorf – eine Gesamtfläche von etwa 547 Hektar. Von dieser Fläche liegen einhundert Hektar im Bereich des Forschungszentrums Rossendorf. Das „Helmholtz-Zentrum" Dresden-Rossendorf ist das frühere „Zentralinstitut für Kernfoschung der DDR". Bis zu dessen Gründung 1956 lagen die Harth-Teiche in diesem von den Dresdnern viel besuchten Wandergebiet. Die Harthe ist Teil des zusammenhängenden Grenzwaldes zwischen

den sorbischen Gauen Nissan und Milka. Die Höhenlage des Waldes bewegt sich zwischen 250 und 290 Metern über NN. Der Waldbestand setzt sich aus Fichte, Kiefer, Rot- und Hainbuche, Birke, Ahorn, Erle und Esche zusammen.

Von den ehemaligen Saugärten in der Harthe und im Karswald haben wir kaum noch Kenntnis, ein Weg, der am Damm des Großen Harth-Teiches entlang führt, trägt noch den Namen „Saugartenweg". Die Bundesstraße 6 trennt die Harthe vom Karswald.

Bei unseren häufigen Spaziergängen in die Harthe lernte ich auch die jagdlich bedeutsamen Orte kennen. Am Kiefernjungwuchs oberhalb des Kalten Baches mit Blick über das Lommatscher Feld hatte Vater eine Beobachtungskanzel gebaut. Nach Kriegsende machte sie – wie auch alle anderen Hochsitze – die Eschdorfer Bevölkerung zu Brennholz.

Die Harth-Teiche

Die **Harth-Teiche** sind eine Gruppe von zwei größeren und mehreren kleinen Teichen in der Harthe südlich des Karswaldes zwischen den Orten Rossendorf und Dittersbach-Dürrröhrsdorf. Offiziell werden diese Teiche als „Großer Harth-Teich" und „Kleiner Harth-Teich" bezeichnet. Diese Teiche wurden vermutlich im 18. Jahrhundert als Fischteiche angelegt, es wurden Erdwälle in die Senke gebracht. Der Nördliche Harth-Teich ist inzwischen verlandet. Der größere Teich mit ca. 2,5 Hektar Wasserfläche wurde noch bis 1984 als Badeteich genutzt und danach geschlossen.

Der **Kalte Bach** entspringt im Quellgebiet der Harth-Teiche und fließt – aus dem Wald kommend – durch Wiesen und Felder und durch den Ort Dittersbach. Das etwa 2 km lange Reihendorf liegt direkt im Tal des „Kalten Baches". Dieser Bach vereinigt sich mit dem aus dem Dresdner Osten kommenden

Schullwitzbach, der vereinigte Bach fließt dann etwa 200 m weiter durch den Schlosspark in den Fluss „Wesenitz".

Am „Kalten Bach" holte Vater alljährlich einen Krug voll „Osterwasser". Es musste vor Sonnenaufgang aus dem Quellgebiet des Baches geschöpft und schweigend nach Hause getragen werden – sonst würde es zu „Plapperwasser"! Im Osterwasser gewaschen, sollte es eine gesundheitliche Wirkung entfalten. Der „Kalte Bach" bildet gewissermaßen eine Reviergrenze zu den Nachbar-Jagdbezirken.

Am „Kalten Bach" befindet sich auch der „Leuschner-Stein", ein Gedenkstein, der an den ehemaligen Besitzer des Schlosses Dittersbach erinnert.

An der Bautzener Landstraße, etwa zwei Autostunden östlich von Dresden entfernt, liegt nördlich des Dorfes Rossendorf am idyllisch gelegenen Forsthaus und der Landgasthof „Schänkhübel" und der ca. 5 ha große Rossendorfer Teich. Stellenweise ist er von einem breiten Schilfgürtel und auf der östlichen Seite von einem Mischwaldbestand umgeben. Nach der in der Mitte gelegenen kleinen Nixen-Insel wird er im Volksmund auch „Nixenteich" genannt.

Eine Begebenheit mit der Kanzel am Kalten Bach: Bei einem Ansitz kurz vor Kriegsende Anfang Mai 1945 sah mein Vater im Glas einen Menschen näher kommen. Mit Abstand hinterher ein zweiter. Der erste entpuppte sich im Glas als einer von den Zwangsarbeitern, die bei den Eschdorfer Bauern arbeiten mussten. Das nahende Kriegsende hatte ihn ermutigt zu türmen. Und der Mensch, der ihm hinterher eilte, war ein Aufpasser der Zwangsarbeiter. Als der Türmende nah heran war, schoss Vater – in die Erde! – und wünschte dem Fliehenden insgeheim Glück auf dem Weg in die Freiheit.

Doch es gab ein Nachspiel: der Ortspolizist stellte meinen Vater zur Rede: Warum er den Flüchtenden nicht getroffen habe? Er sei doch bekannt als guter Schütze. Oder habe er absichtlich vorbei geschossen? Er werde den Vorfall anzeigen …!

Wenn mein Vater in die Harthe zur Jagd ging, versorgte er die Kriegsgefangenen, die bei Eschdorfer Bauern auf den Feldern arbeiten mussten, mit Essen. Zum Dank dafür schrieben sie zu Ende des Krieges in polnischer und russischer Sprache auf die steinernen Treppenstufen zu unserem Wohnhaus: „Nicht plündern!"

Die wechselhafte Geschichte des Rittergutes Dittersbach – Fixpunkt meines Heimatortes

Im Jahr 1554 kaufte der kurfürstliche Kanzler HIERONYMUS KIESEWETTER das Rittergut Dittersbach. Ab 1555 ließ er an dieser Stelle ein Schloss erbauen, dabei wurde eine vorherige

Statue der römischen Jagdgöttin Diana nach dem Vorbild aus Versailles.

Wasserburg überbaut. JOHANN GOTTLOB VON QUANDT (1787–1859) ein Leipziger Kunsthistoriker und Goethe-Verehrer – erwarb dieses Schloss im Jahr 1829 und ließ den Park neu gestalten.

Auf einem hohen Sockel ließ er als erste Plastik die Statue der Jagdgöttin „Diana" aufstellen. Sie wurde gegossen nach barockem Vorbild der „Diana" aus dem Spiegelsaal von Versailles.

Auf einer kleinen Anhöhe oberhalb des Rossendorfer Teiches befindet sich das ehemalige Rittergut Rossendorf.

Der Dittersbacher Schlossbesitzer Johann GOTTLOB QUANDT (1787–1859) erwarb 1832 auch dieses baufällige Gut. Er ließ den Gebäude-Komplex abtragen und an dessen Stelle einen neuen Gutshof mit einem Herrenhaus im neogotischen Stil errichten.

Aus dem QUANDTSCHEN Familienbesitz erwarb die Familie LEUSCHNER 1883 das Schloss Dittersbach und ließ es 1885/86 durch Flügelbauten erweitern.

Vierzig Jahre danach – 1925 – erwarb die Stadt Dresden das Schloss und ließ darin ein Erholungsheim einrichten.

Nach dem Ende des 2. Weltkrieges wurde 1946 das Rittergut als solches aufgelöst und die zugehörigen Fluren an Neubauern verteilt.

Im Schloss war eine Zeit lang eine Kommandantur der Sowjetarmee eingerichtet. Danach wurde der enteignete Grundbesitz „Volksgut", und das Gebäude diente unter dem Namen „Junger Pionier" bis 1989 als Lehrlingswohnheim. 1993 erfolgte die Rückübertragung an die Stadt Dresden, und die Gebäude standen über zehn Jahre ungenutzt und leer. Der gesamte Gebäudekomplex wurde schließlich im Jahr 2004 an eine GmbH verkauft, die das Gebäudeensemble schrittweise saniert. Die Außenfassaden erhielten bereits einen neuen Anstrich … .

Schloss Dittersbach – Blick durch die Toreinfahrt des Dienerhauses in den Schlosshof.

Das alte Jagdrevier Eschdorf

Der Preißhof Porschendorf bei Pirna, das Jagdhaus für den Berufsjäger.

Das alte Jagdrevier Eschdorf – in Fließrichtung rechtsseits des Kalten Baches – war für Vater gleichzusetzen mit der Harthe, die er über alles liebte. Bis Kriegsende 1945 war das Revier mit Rehwild übersetzt, ein ausgeuferter Bestand mit viel zu gering bestätigtem Abschuss. Von seiner Beobachtungskanzel aus konnte er das Feld entlang die „Lommatscher Birken" beobachten. Auf der relativ kleinen Fläche zählte er bei Abendansitzen mehr als 30 Rehe. Die Feldäsung lockte alles im Wald stehende Rehwild ins Freie. Hier wurden die Grenzen der „Jagd-Administration des Dritten Reiches" deutlich sichtbar – das Ergebnis: viel schwaches Rehwild. So verblieben vor allem viele Knopfspießer im Bestand, die dann als „alte" Knopfspießer erlegt wurden.

Besonders auf einem von Vaters Lieblingsplätzen – der Pfitznerschen Buschwiese – wo er zu jeder Tageszeit ansitzen konnte – stand das Rehwild regelrecht herum. Einmal auf dem Weg dorthin erzählte Vater von Rehböcken, die er dort erlegt hatte. Begierig hörte ich zu … .

Zu meinem allerersten, großen, jagdlichen Erlebnis kam es hier schon, als ich erst sieben Jahre alt war. Es war ein schneefreier, milder Wintertag. Mein Vater und ich spazierten auf dem Rossendorfer Weg, einem Feldweg, der auch „Schafstreibe" genannt wurde und zum ehemaligen Rittergut Rossendorf führte, in die Harthe. Bei der Unterhaltung auf dem Weg dorthin drehte sich alles um die dort einst erlegten Rehböcke, deren Gehörne an der Wand im Wohnzimmer hingen. Wo und wie es zur Erlegung kam, erfuhr ich nun in allen Einzelheiten. Zwar konnte ich mir als Schulanfänger schon einiges merken, doch nicht alles behielt ich im Gedächtnis. In allen Einzelheiten erzählte mir mein Vater einmal von einem Fuchssprengen am

Hang hinter der Buschwiese. Sein Freund Curt, der Hundezüchter, kam mit seinen Terriern aus Pirna, und vom Haus weg ging es zu Fuß sofort ins Revier.

Zwei Baue im ersten Feldgehölz waren leer. Doch der Fuchsbau in der Nähe des großen Dachsmutterbaues war befahren. Als alle Röhren mit Decknetzen abgedeckt waren, durfte die Terrierhündin „Hexe" einschliefen. Und schon gab sie Laut, doch kein Fuchs sprang. Da erschien Hexe wieder, verschwand jedoch sogleich erneut in der Röhre … sie gab Laut, lag vor, und dann ging es hin und her. In der Endröhre war Schluss, also Einschlag. Als Vater nah am Hund war, stieg Curt in den Einschlag und wollte Hund und Fuchs greifen – doch das verbissene Paar schob sich weiter in die Röhre hinein. Also war es doch keine Endröhre, sondern ein Kessel oder eine Nebenröhre. Dann wieder Laut vom Hund – also zweiter Einschlag … und das dauerte … trotz Sandboden … endlich das letzte Stück – Curt ergriff den Hund und zog ihn samt Fuchs aus der Röhre.

Das Landhaus „Wilhelmine" in Dittersbach, mein Elternhaus.

Vater packte Reineke an der Lunte, dann an den Hinterläufen … und der Kehlschlag löste schließlich die Verbissenen. Als die Fuchsjäger zu später Stunde nach Hause kamen, schlief ich längst. Mein Vater kam mit dem auf den Rucksack geschnürten Fuchs an mein Bett. Da wurde ich mit einem Mal hellwach und streichelte behutsam den Rotrock … doch meine Mutter schob den Vater samt dem Fuchs rasch aus meinem Zimmer.

Der zweite Weg ins Revier führte gegenüber unserem Haus, dem „Landhaus Wilhelmine", die Eschdorfer Straße hinauf bis zu den letzten Häusern. Ein Stück weiter durch Felder zweigte der Feldweg in die Harthe ab. Von da ging es entlang bis zur alten Pappel und weiter durch die Felder bis zum Waldbeginn.

An den ersten Büschen machten wir Halt. „Hier – dieser Dachsbau ist befahren!" sagte Vater plötzlich. Nun folgten seine Erklärungen zum Dachs, der in der Tierfabel auch „Grimbart" genannt wird. Bei mildem Winterwetter unterbrechen die Dachse ihre Winterruhe, um nachts Ausgänge zu unternehmen. Und aus diesem Dachsbau stammt der Kopf des Dachses, der im Wohnzimmer unter den Rehgehörnen hängt.

Spektakuläres „Fuchssprengen" mit Curt Hebolds Terriern Axel und Hexe.

Nun wollte ich natürlich wissen, wie sich die Jagd auf diesen Dachs zugetragen hatte.

So berichtete mir Vater folgendes: im Herbst 1947 wieder mit Curt und zwei befreundeten Bauern aus Eschdorf ging es mit den beiden Hunden „Hexe" und „Axel" zu besagtem Bau in der alten verwachsenen Sandgrube. Nach Kontrolle der Röhren – also der Ein- und Ausgänge des Baues – wurden sie mit Netzen abgedeckt, danach ließ Curt zuerst die Jagdterrierhündin „Hexe" einschliefen. Auf dem Boden liegend, hörten die Männer „Hexe" Laut geben. Als der Hund schließlich fest vorlag und anhaltend Laut gab, machten die Männer einen Einschlag. Abwechselnd grabend, kamen sie in dem leichten Sandboden rasch vorwärts. In der Nähe des Hundes angekommen, wurde vorsichtig weiter gegraben. Als der Hund vor dem Dachs liegend abgesperrt und der Dachs sichtbar wurde, kam die Dachsgabel zum Einsatz, und der Dachs wurde aus der Röhre gezogen…. Danach nahm

Curt dem „Axel" die Halsung ab und setzte nun ihn an – und hinein ging es in die freie Röhre…. Doch Hexe gab noch keine Ruhe. Freund Curt legte nun erst mal ihr die Halsung wieder an und bald gab sie wieder Standlaut! Also steckte noch ein zweiter Dachs im Bau – und auch er wurde mit zwei Einschlägen ausgegraben. Zwei Dachse auf einen Streich – dank der guten Hunde!

So lernte ich bei diesen Spaziergängen in die Harthe alle Dachs- und Fuchsbaue kennen. Oft streichelte ich den präparierten Dachskopf, der über Vaters Schreibtisch zwischen den Rehgehörnen hing. Natürlich hatte ich auch den Wunsch, nicht nur vom Dachsgraben erzählt zu bekommen, hautnah selbst erleben wollte ich eine solche Jagd einmal.

Schließlich – inzwischen war ich Fünftklässler geworden – durfte ich im Herbst bei einer Dachsjagd mit dabei sein. Als es in unserem Haus hieß: „Am Sonntag kommt Curt mit seinen Terriern…" war die Freude groß. Mit zwei anderen Jagdfreunden, Alfred aus Altendorf und Walter aus Pirna ging es den Rossendorfer

Weg entlang in die Harthe. Der Dachsbau am Hang vor der Rossendorfer Kiesgrube war stark befahren – heute war er das Ziel der Jagd.

Die Röhren wurden zur Sicherheit mit Decknetzen verblendet, falls der Dachs doch ausfahren und den Hund überrollen würde. Und schon durfte Axel einschliefen. Es dauerte nicht lange, da griff Axel den Dachs an und verbellte ihn. Als der Hund fest vorlag, ging es los mit dem Einschlag: rasch kamen die Jäger vorwärts, tiefer und tiefer gruben sie mit dem Spaten.

Dann durfte ich endlich auch einmal in den Einschlag, der schon gut metertief war. Mit dem Spaten schaufelte ich den Sand aus dem Loch. Dann kauerte ich mich und machte mich lang, um zu hören, ob der Hund noch vorlag. Ich schien schon kurz vor dem Dachs zu sein. Da – das Signal von oben! Ich musste raus aus dem Einschlag.

Jetzt stieg Curt hinein und grub vorsichtig weiter, bis er in die Röhre kam. Er sperrte Dachs und Hund ab, und Vater reichte ihm die Dachszange. Curt setzte sie am Hals des Dachses an und zog ihn so aus der Röhre ... schon war mein Vater zur Stelle, fasste den Dachs an den Hinterläufen und – mit einem Kehlschlag beförderte er „Grimbart" in den „Dachshimmel"....

Inzwischen hatte Curt den Hund in der Röhre gefasst und reichte ihn einem der Jäger, die am Einschlagrand standen. Dann kam er selbst heraus, nahm seinen Hund in die Arme und liebelte ihn ab. Nach dem Verfüllen des Einschlages ging es nach Hause, wo schon das Mittagessen auf die kleine erfolgreiche Jägerschaft wartete.

An einem anderen Tag waren wir an der „Lommatscher alten Sandgrube" angekommen, und der dort befindliche Dachsbau wurde zuerst aufgesucht, um festzustellen, ob er befahren sei. Danach spazierten wir weiter zum sogenannten Gickelsberg, einem bewaldeten Feldholzhügel. Auch dort gab es einen Dachs- sowie mehrere Fuchsbaue. Vater wollte zunächst nach dem

Dachsbau sehen, und ich sollte südlich am Hang den Fuchsbau suchen und „schnuppern", ob er befahren sei.

Also lief ich los und entdeckte auch bald eine halb verfallene Röhre. Ich stromerte weiter und erschrak plötzlich – aufgewühlter Sand wies mir eine weitere Röhre. Als ich nah dran war und mich bückte, um in die Röhre zu blicken und zu schnuppern, ob ich Fuchsgeruch in die Nase bekam – da schaute mich ein Fuchsgesicht an .... Mir stockte der Atem – das Gesicht, der Kopf vom Fuchs verschwand nicht im Bau sondern blieb auf der Stelle – er hing fest! Ich rief nach meinem Vater: ich hätte einen Fuchs gefangen! Rasch war Vater zur Stelle und erkannte: der Fuchs hatte sich mit einem Vorderlauf in einem Tellereisen gefangen. Ein Wilderer hatte es wahrscheinlich aufgestellt. Mit dem Spazierstock zog Vater das Eisen samt Fuchs aus der Röhre, fasste ihn dabei an der Lunte, dann an den Hinterläufen und beförderte ihn mit Kehlschlag in den „Fuchshimmel". Das Tellereisen wurde im Rucksack verstaut, der Fuchs auf den Rucksack geschnürt – so spazierten wir den Rossendorfer Weg zurück in unseren Wohnort Dittersbach.

Tage später sah ich Vater beim Streifen des Fuchses zu, es war ein junger Rüde, der sich im Eisen gefangen hatte. Ich prägte mir alle Schnitte genau ein. Der Balg wurde auf das Spannbrett gezogen und die Läufe mit Zeitungspapierstreifen ausgeklebt. Bei unseren Spaziergängen in die Harthe erzählte mir der Vater immer wieder gern von seinen Jagderlebnissen. Auf diese Weise ist das Waldgebiet Harthe für mich zum Mythos geworden. Dort begann das jagdliche Element in mir Feuer zu fangen, und der jagdliche „Stachel" in mir wurde fest verankert.

Nach dem „Dachsgraben" und „Fuchssprengen" im Spätherbst – meinen ersten aktiven Erlebnissen – sollte nun in der Adventszeit ein „Hasen-Erlebnis" folgen.

Adventszauber

Am Vortag zum 1. Advent sagte mein Vater: „Wenn uns nun schon „Hahn in Ruh" geboten ist, dann wollen wir wenigstens in der „Spazierstockzeit" die Mümmelmänner laufen sehen!"

Ich durfte – nein ich musste dieses Mal dabei sein. Das führte natürlich am Tag vor unserer Unternehmung in der Schule zu völliger Unaufmerksamkeit. An Hasen dachte ich ... immer wieder an Hasen, die in meiner Phantasie spielten. Nur mit halbem Ohr achtete ich darauf, was der Lehrer uns Schülern beibringen wollte. Nach der Schule und dem Mittagessen machten uns endlich auf den Weg ins Reich der Hasen. Am Dittersbacher Pfarrteich unterhalb der Dorfkirche holte uns schon Flockenwirbel ein, den Weg zur Schönen Höhe liefen wir bald wie die Schneemänner. Doch mein Vater war bei guter Laune. Er erklärte mir – als wir übers „Horn" den „vier Linden" zugingen – das

Gestöber wäre bald vorüber, und die Hasen würden deshalb gut halten, so dass wir sie dann ganz nah laufen sehen könnten. An „Friedrichs Ruh'" angekommen – so nennen die Elbersdorfer die Stelle mit den vier Linden – taumelten nur noch wenige Flocken vom Himmel herab. Vor uns lag ausgebreitet das Porschendorfer Feld. Die wellige Flur – hier und da Bäume und kleine Hecken eingestreut – steigt vom Dorf her allmählich zum bewaldeten Kohlberg hin an. An blauklaren Tagen öffnet sich von hier aus ein weiter Blick von der Burg Stolpen über den nahen „Breiten Stein" und den Kuhberg bis hinein ins Böhmische zum Hohen Schneeberg. Dieser Ausruheplatz war der eigentliche Ausgangspunkt unserer Unternehmung. Hier nun entwarf mein Vater erst einmal für mich seine Erinnerungen an vergangene, große Hasen-Jagden, wie man die vorweihnachtlichen Kesseltreiben seinerzeit bezeichnete. Eine vergangene

Jägerwelt wurde für Vater wieder lebendig.... Ich war ein begieriger Zuhörer – nahm Flintenknall wahr, sah Hasen rollieren.... Strecke reihte sich an Strecke.... Jäger-Originale erstanden vor meinem geistigen Auge... so spannend erzählte mein Vater. Danach kehrte mein Vater wieder zurück in die Gegenwart und erklärte mir seinen Plan – als ob nun ich die versammelte Jagdgesellschaft sei: „...Also wir nehmen ein paar Sturzäcker, zwei, drei alte Kleebrachen, dann den der ehemaligen Ziegelei vorgeschobenen Hang und zum Dorf hin die eine oder andere liegen gebliebene Stoppel!". Nach dieser jagdstrategischen Entscheidung marschierten wir los – guten Abstand voneinander haltend.... Und kaum dass unsere Füße den ersten Sturzacker betraten, fuhr auch schon Mümmelmann Nr. 1 aus der Sasse. Vater nahm den Spazierstock hoch, schwenkte ihn in Richtung Hase und rief mir zu: „Der hätte Kopfstand gemacht!" Bald darauf rutschte Langohr Nr. 2 aus seinem Lager... und so ging es munter fort. Ich hatte meine helle Freude daran, wie die Löffelmänner

aufsprangen, wie sie über den Schnee sausten, sich mit langen Sätzen auf und davon machten. Mitunter verlangsamten sie in respektvoller Entfernung ihr Tempo, hielten inne, richteten sich auf, sahen umher und hoppelten dann – nachdem sie ihre Sachlage als ungefährlicheinzuschätzen schienen – gemächlich ihrer Zweitsasse zu. Doch dann wurde aus vergnüglicher Hasenschau ernsthafter, jagdpraktischer Unterricht: Vater lief hinter mir und dirigierte meinen Spazierstock. Stand ein Krummer auf, rief er: „Gewehr hoch – Hasen fassen – mitgehen – vorschwingen – abdrücken... gefehlt!" und so weiter, und so weiter.... Um meine Lust hoch zu halten, ließ er den kleinen Spazierstock auch ab und zu einen Hasen treffen. Dieses Spiel brachte uns dem Dorf näher. Es begann bereits zu dämmern, als wir die Straße erreichten. In der gemütlichen Bauernstube im Hause des alten Jagdvorstehers hielten wir bei dampfendem Hauskaffee und Adventsstrudel „Schüsseltreiben" und erzählten von unserer „Strecke", und mein Vater ernannte mich zum „Angehenden Jäger".

*Mit dem Spazierstock
auf Hasen – die Lehrstunde.*

2
Schnepfen, Tauben
Hasen und und Böcke

Kehren die „Langschnäbel" aus dem Süden zurück, beginnt der Schnepfenstrich – die Schnepfenbalz.

Stimmen des Frühlings

Im darauf folgenden Frühjahr wurde ich eingeweiht in die Geheimnisse der „Schnepfen-Poesie". „Lass' uns in die Harthe gehen und die aus dem Winterquartier zurückgekehrten Waldschnepfen begrüßen!" Ich war ganz „Feuer und Flamme".

Zuerst erzählte mir Vater alles, was er „griffbereit" von den Schnepfenvögeln zu sagen wusste. Dann deklamierte er mit feierliche Stimme:

> *Reminiscere – putzt die Gewehre!*
> *Okuli – da kommen sie …*
> *Lätare – das ist das Wahre!*
> *Judica – sie sind noch da …*
> *Palmarum – Lirum, Larum*
> *Osterzeit – wenig Beut'*
> *Quasimodogeniti – Hahn in Ruh!*
> *Nun brüten sie!*

Damit zauberte er die Stimmung herbei, die er so oft im Vorfrühlingswald erlebt hatte, und die sich bei seinem Erzählen nun auch auf mich übertrug. Vor allem aber erwachte in mir eine erwartungsvolle Neugier: Das Land atmete den Frühling – Schnepfenwetter! Also: Auf in die Harthe und die Langschäbel begrüßen! Das wird ein „Quorren und Puitzen" sein!

Auf denn zur Schnepfenbalz!

Alsbald stapften wir los … Vater mit derbem Spazierstock – Zeichen gewehrloser Zeit – und übergroßem Rucksack, ich mit gleicher „Ausrüstung", doch einige Nummern kleiner … durch das Dorf, über Wiesen und Felder, immer am Kalten Bach entlang. Im Wald führte der Weg bis zum breiten Gestell vor der großen Dickung … dort machten wir Halt.

Vater wies hinüber: „Da drüben zwischen Altholz und Jungwuchs ist unser Stand! Die Langschnäbel werden, vom Bach kommend, zur Buschwiese hin streichen – das ist von uns aus also gegen den hellen Westhimmel.

Hörst Du die Amseln? Wenn ihre Abendlieder verklingen, kommt der Schnepf!"

Die Zeit kroch dahin … endlich begann es zu schummern; ich lauschte den Schwarzdrosseln und wünschte ihnen nachdrücklich: „Gute Nacht!" – da riss Vater den Spazierstock hoch, schwang ihn mit beiden Händen fassend und an die Schulter gedrückt durch die Luft, stieß ihn wieder in den Erdboden und raunte mir freudig zu: „Getroffen! Da drüben an der Birke müsste der Murkerich liegen wenn – ja wenn der Spazierstock eine Flinte wär … – hast du ihn gesehen?" „Nein …" – „Hast du ihn gehört?" „Nein …" – „Also pass jetzt gut auf! Gleich kommt der Schnepf wieder!" Und schon quorrte es leise – da kam einer laut murksend und hell puitzend angetaumelt. Jetzt strich er vorbei wie ein Schmetterling der Buschwiese zu – schussgerecht …. Vater: „Hör nur, wir das Murksen dunkel verklingt …! Warten wir noch ein Weilchen … noch ist Strichzeit, noch kann ein Stecherpaar heran wirbeln …" War das nicht ein fernes Quorren? Da kamen sie, die beiden Schnepfe – und wie sie quietschten und aufeinander stachen … sich abdrängten … und da folgte noch ein dritter Schnepf – stumm … eine Henne.

„Auf Stecherpaare schießt man nicht! Trifft der erste Schuss den einen Schnepf, bekommt der zweite ganz sicher eine Portion Rundschrote mit – fliegt wie gesund dahin – und verendet irgendwo im Holz. Denn die Schnepfe hat ein »weiches« Leben!"

Zwei Schnepfen müssen nicht immer ein Pärchen sein! Allein oder murksend streichende Gaukelflügler sind stets Schnepfenhähne. Und

Die Geheimnisse
der „Schnepfenpoesie" entschleiert.

so belehrte Vater mich: Waldschnepfen sind Zugvögel, die im Mittelmeergebiet überwintern. Der Frühjahrszug oder „Rückstrich" ist wetterabhängig und setzt gewöhnlich im März ein – die weiße Bachstelze kündigt ihn an! Im Brutgebiet eingetroffen, beginnt der „Schnepfenstrich", die Schnepfenbalz, also der Suchflug der Männchen nach den Weibchen. In den Abendstunden nach dem Verstummen der Amseln und Rotkehlchen, wenn im Osten die Venus, der „Schnepfenstern", zu leuchten beginnt, streichen die Waldschnepfen über sumpfiges Gelände an Altholzbeständen entlang über Dickungen.

Dabei halten sie bestimmte Flugwege – die Striche – ein, wie „Wechsel" und bestreichen sie mehrmals.

Ein „Stecherpaar" also entweder ein Männchen und ein Weibchen oder auch zwei Männchen streichen oft gespensterhaft taumelnd am Waldrand entlang. Das Schnepfenmännchen „quorrt" oder „murkst" während des Balzfluges. Das „Puitzen", ein heller Laut, er ist vom Männchen und vom Weibchen zu hören.

Die Schnepfe erhielt ihren Namen nach dem auffallend langen Schnabel, man nennt sie auch „Langschnabel". Scherzhaft sagt man zur Waldschnepfe auch „Vogel mit dem langen Gesicht". In Verbindung mit den hoch am Kopf stehenden Augen wirkt der Schnabel, der lange, dünne, gerade „Stecher" wie eine Verlängerung des Gesichtes.

Ein Schnepfenfrühling ist mir ganz lebendig in Erinnerung geblieben – als ob es Gegenwart wäre…. Ich erlebte ihn im oberen Polenztal, einem Wiesental mit bewaldeten Hängen am Rande der Sächsischen Schweiz. Wie kam es dazu?

Als jugendlicher Treiber nahm ich teil an einer winterlichen Waldstreife beiderseits des Flüsschens Polenz – danach hieß es: „Schüsseltreiben in der Bockmühle!" Diese ist ein weithin bekannter Ausgangspunkt für Wanderungen im Frühjahr durch die schönen Märzenbecherwiesen. Beim Essen wude über die „magere Strecke" palavert. Dann kam man auf die Böcke zu sprechen, die obehalb der Hänge in den Wiesengründen und Feldern standen. Einer der Jäger brachte schließlich die Rede auf den Schnepfenstrich. Wo genau sich das „Okuli-Geheimnis" abspielte, kam allerdings nicht zur Sprache. Das weckte nun meine Neugier und ich beschloss, diese Stellen im Tal allein, ohne Zutun der Alten heraus zu finden.

Einige Wochen vergingen. Als ich glaubte, nun sei es so weit mit den Schnepfen, fuhr ich eines Nachmittags mit dem Rad dorthin, stellte mich hinter der Bockmühle vor einer breiten Wiesenfläche an und wartete … doch ich wartete vergeblich auf die Schnepfen….

Wieder zu Hause fragte mich Vater, wo ich gewesen sei? Missgelaunt antwortete ich: „Bei den Schnepfen im Polenztal – aber gesehen hab ich keine…" „Glaub ich dir – hättest mich fragen sollen!" war die kurze Antwort.

In den nächsten Tagen fiel kein Wort mehr über die Schnepfen.

Doch plötzlich am Gründonnerstag gab Vater mir einen Wink: „Heute müssen wir ins Polenztal!" Nach kurzem Überlegen und dann bewusst die Ergänzung: „Fahr allein, der Weg ist mir zu weit. Und bleib nicht an der Brücke stehen, geh ins Tal hinein, und am Kahlschlaghang warte!"

Hinter einem Felskopf versteckte ich mein Fahrrad und steuerte dem besagten Schnepfenhang zu. Da mir die Stelle zu frei erschien, ging ich ein Stück weiter und stellte mich dort an, wo Sträucher eine gewisse Deckung boten.

Als es zu dämmern begann, wurde ich ungeduldig: „Wieder keine Schnepfe – ist wohl doch nicht der richtige Platz …!"

Und plötzlich war sie da, die kleine Frühlingsbotin – wie ein Schatten huschte das kleine Ding ganz nah vorüber: „work – work – work – puitz!"– und weg war sie wieder. Dann ging es Schlag auf Schlag. Zwei Langschnäbel hatten es aufeinander abgesehen und wirbelten dem Hang zu.

Und wieder kam ein Paar angeflattert – über meinen Kopf hinweg – dann drüben am Bach entlang. Ich stand wie gebannt, bis die Schnepfen endlich Ruhe gaben.

Als ich wieder auf meinem Fahrrad saß und heimwärts strampelte, kam in mir ein wenig Stolz auf – ich hatte – ganz allein – das Schnepfengeheimnis im Polenztal herausgefunden!

Mein erster Taubenfrühling

Nicht nur den Schnepfenzauber hält das Frühjahr für den Jäger bereit, auch die Jagd auf den balzenden Ringeltauber lockte meinen Vater in sein Eschdorfer Pachtrevier in der Harthe. Und ich war oft dabei in der „gewehrlosen Zeit". Wenn es losgeht mit der Balz der aus den Überwinterungsquartieren zurück kehrenden Ringeltauben, kann man den balzenden Tauber anpirschen.

Ich liebe ihn, diesen dumpf tönenden, geheimnisvollen Frühlingsruf des Ringeltaubers. Mir war es immer der Mühe wert, den rucksenden „Weißkragen" – wie er auch genannt wird – im blätterlosen Frühlingswald ganz nah anzupirschen. Gern nahm Vater mich nun mit in die Harthe, um mit dem Spazierstock den rucksenden Tauber anzupirschen und zu „erlegen"... . „und ich will dir zeigen, wie man dabei vorgeht!" Als nun eines Tages im März wieder die Sonne

....

Mit dem Spazierstock den Tauber schussgerecht angepirscht.

zu wärmen begann, und am blauen Himmel leichtes Gewölk segelte, ging es frühzeitig hinaus, um die zurückgekehrten Tauber „zu verhören" und aus der Ferne ihren Balzflügen zuzuschauen.

Zu erlaufen ist er nicht, der abendgewölkfarbene Vogel im Geäst seines Balzbaumes, denn der Spielhahn – hat wie der Birkhahn – auf jeder Feder ein Auge, und beim Ringeltauber sind es deren gleich zwei! Und nicht genug damit – er vernimmt auch äußerst scharf! Unter einer Stunde wird selten etwas getan sein, doch mit viel Geduld und Zeit ist er sehr wohl zu erpirschen.

Kaum dass man ein paar Schritte im alten Falllaub hinter sich gebracht hat, heißt es: baumnah ein Viertelstündchen oder auch länger auszuharren, bevor der wachsame Tauber seine Ruhe wiederfindet und von neuem zu rucksen beginnt, ein Schritt zu viel, zu voreilig oder zu laut gesprungen – schon hat er den Jäger eräugt und reitet mit klatschendem Flügelschlag ab.

Als wir nun im Frührot dem Rand der Buschwiese zugehen, meldet sich ein Tauber schon ganz in der Nähe… . Mein Vater hält mich zurück: „Halt – gemach! Sonst vernimmt oder eräugt er uns!" doch zu spät… schon streicht er ab… . Da – etwas entfernter rührt sich ein anderer Tauber, sein dumpfes Lied kommt von den Alteichen in der Nähe des Dachsmutterbaues – den Burschen nehmen wir uns vor! Schon ruckst er wieder – gleich zwei Strophen hintereinander… erst viergeteilt, dann fünfsilbig… dann Stille… dann ein leises Gurren… . Hörst du den klatschenden Flügelschlag? Jetzt tanzt er seiner Taube etwas vor… jetzt räuspert er sich – gleich wird er wieder singen…!

„Nun vorwärts und immer in Deckung geblieben – nur nicht zu rasch… 10 … 15 Schritte… genug – noch vor dem letzten Vers an den Baum gedrückt und ganz still verhalten, bis er wieder von neuem ruckst – erst dann geht's weiter!

Gut gemacht, so geht es an. Achtung! Jetzt etwas nach links, dort ist die Deckung besser, aber leise… leise – halt! Denn eben will er „ruck" sagen – das ist der Schlusspunkt! Dort in der derben Eichenkrone muss der wolkenfarbene Kerl sitzen, nur nicht bewegen, sonst eräugt er uns und streicht fort!"

Die Zeit schleicht dahin… er schweigt noch immer, die Sache wird anstrengend. Geduld, Geduld… wir haben Zeit – er hat sie aber auch. Oder hält er uns zum Besten? Hat er uns bemerkt und wird gleich wieder fortstreichen? Plötzlich Flügelschlag – im raschen Steilflug hebt sich der Tauber über das Kronengewirr – schlägt über dem Rücken die Flügel zusammen, dass es nur so klatscht, und lässt sich dann mit gestreckten Flügeln herab fallen… .

„Siehst du ihn? Ganz rechts im Astwerk hat er sich eingeschwungen, jetzt trippelt er hin und her, nun sitzt er wieder still… noch 50 Gänge. Die schwierigsten, die spannendsten, die wichtigsten… endlich: er bewegt sich, reckt sich hoch und hebt an zum Ruf… .

„Geh behutsam weiter nach rechts in die Anflugkiefern hinein – geradewegs geht uns die Deckung aus… . So, das wäre geschafft!"

Halt! Für einen sicheren Schuss sind 25 Gänge noch zu weit – seine weinrote Brust wirkt für Schrote wie ein Panzer. Noch fünf, sechs Schritte… so nah wie möglich heran, also los! Vater hebt den Spazierstock und visiert den Tauber an. Ja – gar nicht so einfach, der Schuss steil nach oben, etwas unbequem aber sicher. Wenn der Spazierstock eine Flinte wäre, würden wir jetzt den Tauber aus dem braunen Dürrlaub aufnehmen… aber er lebt noch und ruckst weiter und wird seiner Taube imponieren!"

Eine gute Stunde hat sie gedauert, die Pirsch auf einen einzigen Tauber im blätterlosen Frühlingswald – anstrengend war's – aber lehrreich und schön!

Der erste „Kirmes-Bock"

Eines Tages hielt Diana für Vater ein „Geschenk" bereit: – alles drehte sich dabei um einen „Kirmesbock". Vater rieb sich die Hände – nach Jahren verordneter jagdlicher Enthaltsamkeit sollte es für ihn wieder „richtiges" Weidwerken

Mein erster Bock – mit Rosenstock-Bruch – von den Hohen Brücken.

auf den Bock geben. Das bedeutete auch Aussicht auf den lang entbehrten Rehbraten zum Kirmesfest. Wenn auch nur für Stunden – an wenigen Tagen im Jahr konnte Vater nun den Spazierstock mit der Flinte vertauschen. Noch sehr genau erinnere ich mich, wie es dazu kam. Immer, wenn mir der Kirmesbock in den Sinn kommt, erscheint es mir, als ob die Zeit, die dazwischen liegt, dahin schmilzt wie der Schnee unter der Märzensonne.

Ottokar – ein Musiker mit Leib und Seele – war der Not gehorchend in die Rolle des Dirigenten des Dresdner Polizei-Orchesters gedrängt worden. In dieser Position mit hohem Dienstrang stand ihm mehrmals im Jahr eine Doppelflinte zur Jagd in einem Revier seiner Wahl zu – und das, ohne Jäger zu sein! Da ihn aber der Braten von Reh und Hase lockte, machte er sich auf die Suche nach einem alten Jäger, der ihm das Jagen beibringen sollte oder ihm diese „Kunst" vielleicht auch abnahm. Bei meinem Vater lief er mit dem Angebot – für ihn auf Jagd zu gehen – offene Türen ein. Das mit Kornschnaps besiegelte Zweckbündnis begann mit einer vorweihnachlichen Hasensuche am Triebenberg im alten Eschdorfer Revier. Aus der zufälligen Begegnung entstand eine langjährige Freundschaft. Ottokar ließ sich in der Kunst des Jagens unterrichten – und Vater war stets dabei, wenn das Orchester zum „Konzertwinter" über Land fuhr. Als es nun auf die Zeit des Kirmesbockes ging, hatte Ottokar zwar schon reichlich „Jagdluft geschnuppert", doch weder Hubertus noch Diana hatte mit ihm etwas im Sinn.

In Vaters ehemaligen Eschdorfer Pachtrevier oberhalb der Jagdwege, die vom Pillnitzer Schloss bei Dresden zu den alten kurfürstlichen Schlössern Stolpen und Lohmen führen – dort, wo die Hohen Brücken die Waldschlucht des Bonnewitzer Baches überspannen – sollte Ottokar seinen ersten Bock, einen „Kirmesbock", schießen.

Bevor nun Vater mit ihm und der Doppelflinte dorthin ging, wurden zunächst die Böcke fleissig bestätigt. Denn die wenigen Tage, an denen Ottokar die Flinte führen durfte, mussten fürs Jagen genutzt werden. Die Brunft sorgte für reges Begängnis zwischen Waldnischen, Wiesenflecken und den sich anschließenden Feldern. Auf einer Kleebrache, die an Getreidefelder, Dickung und hohes Holz grenzte, war für Ottokar ein „ungerader Achter" mit schwarzen Stangen „angebunden". Vom Frühjahr an herrschte der Bock hier und zog nur gelegentlich weiter in den Wald zur größten der „Hohen Brücken". Die Anordnung der Plätz- und Schlagstellen bewies es. Sie verrieten seine Wechsel und den engeren Haupteinstand. Vor und zu Brunftbeginn hielt es der Bock mit einem Schmalreh, Anfang August mit einer Ricke, die im Roggen stand und von dort ihre Kitze in den Klee führte. Ein jüngerer Bock, der immer wieder in der Nähe des Alten auftauchte und von diesem „in Schwung gehalten" wurde, kam nach Vaters Plan erst an zweiter Stelle in Betracht. Warum? Das abnorme Gehörn war der Grund: rechte Stange mit langer Vorder- und Rücksprosse, die linke Stange war ein „geschwungener Spieß". Diesen Bock wollte Vater eigentlich gern selbst auf die Decke legen.

Dann kam der Tag von Ottokars erstem Ansitz. Vater hatte zusammen mit mir einen provisorischen Schirm mit starken Ästen als Gewehrauflage hergerichtet. Die beiden Jäger saßen rechts und links vor einem kleinen Ausguck – ich mit etwas Abstand dahinter. Die Gunst der Stunde ließ nicht lange auf sich warten. Es kam, wie es Vater voraus gesehen hatte: halb schräg vor uns im Unterholz wurde es plötzlich lebendig – die wilde Jagd schien entfesselt zu sein. Wie aus dem Nichts heraus ein lautes Hasten und Keuchen, das näher kam und sich wieder entfernte. Im unteren Winkel – wo damals Altholz und Dickung an die Kleebrache stießen – tauchte das Paar für wenige Augenblicke auf – hetzte aber sogleich in die Deckung zurück. Aus das Spiel... kein lauthelles Treiben mehr, kein Fiepen, kein Plätzen.... Weder Bock noch Ricke, weder Schmalreh noch „Ersatzbock" ließen sich auf der Kleebrache blicken. Vater begann unruhig zu werden, er schob seine Leinenmütze vor und zurück und beugte sich – ganz gegen die Regel – aus dem Schirm. Ich ahnte fast, dass er den alten Haudegen am liebsten herbei gerufen und gescholten hätte: „Immer warst du zur Stelle – nur heute nicht, wenn die Doppelflinte mal uns gehört!" Doch dann schien sich alles noch zum Besten zu wenden.

Ganz vorsichtig trat ein Reh aus der Dickung auf die Kleebrache und zog äsend Schritt für Schritt auf uns zu. Ich wusste, was Vater jetzt dachte: „Gleich – gleich kommt der Bock..." Und wie es zur Blattzeit nicht anders sein kann, folgte der Bock der Ricke wie an einer unsichtbaren Schnur gezogen. Nach dem voraus gegangenen, ungestümen Treiben hatten beide eine Pause eingelegt – was uns ja nur recht sein konnte. Indessen nun der Bock und die Ricke ganz langsam näher kamen, erhielt Ottokar letzte Verhaltensregeln, damit alles ganz sicher verlaufen konnte. Doch Ottokar schien Vaters Worte überhört zu haben – er schob die Doppelflinte ganz bedächtig durch sein Guckloch, wartete aber nicht, bis der Bock nahe genug war, sondern feuerte dem uns spitz zustehenden Bock die Posten ins „Gesicht"! Die Ricke raste an uns vorbei ins Getreide, der Bock sauste in Richtung Dickung … . Als gleich darauf ein paar tiefe Schrecklaute zu uns herüber gellten war klar, dass Ottokars Frontalschuss auf Büchsenschussweite den Bock lediglich verärgert hatte.

Wenige Tage später bezogen wir erneut unseren Schirm, steckten ein paar frische Äste dazu und hofften auf den Bock und darauf, dass Ottokar diesmal die Nerven behalten würde.

Nach dem etwa einstündigen Fußmarsch – gute fünf Kilometer im hügeligen Gelände, zuerst die Landstraße von Dittersbach zum Eschdorfer Gut und von dort durchs Feld den Hohen Brücken zu – ließen wir uns erst einmal die Abendbrote schmecken … . Plötzlich unterbrach mein Vater das Kauen und horchte in Richtung Altholz – wie vorsichtiges Plätzen im Unterwuchs hörte sich's an. Dann kamen die Plätzgeräusche näher … man sah förmlich die Fetzen fliegen … . Wie auf Kommando legten wir die Brote zur Seite und schauten gespannt auf die Stelle, wo das Plätzen zu vernehmen war – und da trat der „Hausherr" auch schon ins Freie – mitten hinein in den Klee zog er, als wollte er sagen: „Der Klee gehört mir – auch am späten Nachmittag!"

Dieses Mal schien Ottokar Herr seiner Sinne zu sein. Vorsichtig nahm er die Flinte aus der Astgabel … schob sie langsam durch sein erweitertes Guckloch und ging in Anschlag. Der „Platzherr" stand wie festgewurzelt, er rührte sich nicht von der Stelle … . Bei diesem Anblick überfiel mich das Jagdfieber – ich zitterte am ganzen Körper – beste Schussentfernung für die Flinte! Jetzt muss doch der Schuss fallen! Warum wartet Ottokar nur? Ging es mir durch den Kopf – doch statt des erlösenden Knalls nur ein metallisches Klicken … . Dieses Geräusch nahm der Bock auf die kurze Entfernung sofort wahr – er wendete und war im Nu außer Gefahr. Mein Vater, zu Ottokar gewandt, fluchte: „Verdammt nochmal – die Scheiß-Nachkriegspatro-

nen!" Ottokar blieb stumm, griff in seine linke Jackentasche, öffnete dann die Flinte – sie war leer! Er hatte vergessen zu laden. Peinliche Stille. Meine Anwesenheit rettete Ottokar vor Vaters derben Sprüchen … . Schließlich meinte Vater: der Abend sein ja noch nicht verloren. Für den jüngeren Bock mit den ungleichen Stangen sei es an der Zeit, hier wieder einmal aufzutauchen. Und ebenso könnte die Ricke den eben Vergrämten, der dort irgendwo im Holz steht, in Kürze wieder hervor zaubern. Und so kam es denn auch. Den Spießer zog der Kleeduft aus dem Getreide – leider viel zu weit für die Flintenrohre. Doch kurz danach tauchte rechts von uns im hintersten Winkel ein anderer Bock auf. Aber dieser hatte es recht eilig und verschwand sogleich wieder von der Bildfläche. Da rauschte es neben uns im Getreide … doch es tat sich nichts – der Klee blieb leer. Als es schließlich zu dämmern begann, trollte an der Stelle, wo sich der mit den schwarzen Stangen am Nachmittag empfohlen hatte, die Ricke ins Freie.

Vater deutete auf die Flinte, ganz brav folgte Ottokar dem Fingerzeig. Und ehe er zugefasst hatte, stand der „Ersehnte" auch schon bei der Ricke. Vater flüsterte: „… sobald die Ricke weiter zieht und der Bock noch verhofft – dann schieß!" Langsam zog die Ricke nun weiter. Und da machte Ottokar wie befohlen: „Dampf" – der Bock stürzte im Knall, doch er kam sogleich wieder auf die Läufe und flüchtete, als ob er sich nur gehörig über den Donner erschrocken hätte. „Schwach gekrellt", brachte Vater enttäuscht hervor, „wir können getrost nach Hause gehen. Morgen früh such' ich trotz allem nach." Ottokar stand unschlüssig auf. Das Gewehr in der rechten Hand, starrte er ungläubig auf die Stelle, wo der Bock verhofft und dann wie vom Blitz getroffen für Sekunden gelegen hatte. Es blieb beim „gekrellten Bock". Da aber die Sache mit dem „Kirmesbock" nun ernst wurde, überließ Ottokar die Flinte meinem Vater.

Wieder zogen wir am nächsten Tag zu den Hohen Brücken, um endlich den Kirmesbock zur Strecke zu bringen. Vater blieb hartnäckig – er wollte den „Schwarzen" – und sagte zu Ottokar: „Du setzt dich drüben an die Wiese mit Blick zum Doberberg, wir versuchen es nochmal am Klee. Es müsste schon mit dem Teufel zugehen, wenn der alte Schlauberger uns durch die Lappen ginge."

Gesagt – getan – unsere Wege trennten sich. Jetzt saßen wir zu zweit am alten Fleck. Nach einem Weilchen flüsterte Vater mir zu, er müsste mal kurz verschwinden. Wenn einer der beiden Böcke käme, solle ich schießen, ich wüsste ja Bescheid. Darauf schlich er sich gebückt davon und ließ mich mit der Doppelflinte allein…. Als mir meine Situation so recht bewusst wurde, flehte ich die beiden unsichtbaren Böcke an, nur jetzt nicht in meine Nähe zu kommen, sondern zu warten, bis Vater wieder zur Stelle sei.

Keiner der beiden Böcke ließ sich (glücklicherweise…) blicken, doch auch mein Vater kam nicht zurück. Mir wurde immer unheimlicher. Und als schließlich am Getreiderand der Sechser-Spießer auftauchte, fing es bei mir an, in der Magengegend zu kribbeln. Ich wünschte Vater sehnlichst herbei – doch er kam nicht. Ich schaute auf die Doppelflinte, die vor mir in der Astgabel lehnte – wollte nach ihr greifen – zog aber die Hand gleich wieder zurück.

Die Versuchung war groß – ich durfte… ich wollte ja auch – aber ebenso groß war die Angst, so unvorbereitet selbst zu handeln.

Und da legte „Diana" ihren Arm um meine Schultern und flüsterte: „Nur zu, fasse dir ein Herz!"

Ich atmete tief durch und griff nach der Flinte, legte das schwere Ding quer über die Knie, drückte mit dem Daumen fest auf die Sicherung, hielt die andere Hand darüber – damit der Bock den Schubser nach vorn nicht wahrnahm – und richtete das Zwölfer-Rohr in Richtung des Abnormen. Er war mittlerweile einige Schritte ins Feld gewechselt und äste unentwegt weiter.

„Tief fassen, wenn du über die Schiene schaust…" klangen mir Vaters Weisungen im Ohr.

Ich schwankte mit der Flinte hin und her… dachte nichts mehr und drückte ab – riss den Hahn vom linken Lauf durch – den vorderen erreichte ich nicht….

Was nach dem Schuss mit dem Bock passierte, nahm ich nicht wahr – ich spürte nur den kräftigen Rückschlag der Flinte, was mich fast umgeworfen hätte. Wie benommen vom Schuss saß ich regungslos da, die Flinte noch fest im Griff, und plötzlich stand mein Vater neben mir: „Brauchst nicht zu erschrecken, hat ganz schön gerumpelt. Gut gemacht für den Anfang! Der Bock muss liegen, ging tief ins Getreide… warten wir noch ein Weilchen und schauen dann nach."

Kein Wort brachte ich heraus, vor Aufregung zitterte ich am ganzen Körper….

Endlich kam der Wink, den Anschuss zu suchen. Vater wusste ja, wo der Bock vor dem Schuss gestanden hatte. Schweiß lag von Anfang an, auch am Roggen leuchtete es rot… vorsichtig bogen wir die Halme zur Seite, gingen ein paar Schritte und – standen vor dem inzwischen verendeten Bock, dem ersten in meinem Vor-Jägerleben!

Wer aber war an diesem Augustabend wohl glücklicher als mein Vater? Von einem Eichenbusch aus hatte er alles beobachtet.

Beim damaligen Eschdorfer Fleischer Kempe wurde der Bock nun kühl gelagert. Für diese „Gefälligkeit" erbat sich der Fleischer aber einen Teil des Wildbrets.

Und so lag es auf der Hand, dass noch ein „zweiter Kirmesbock" zur Strecke gebracht werden musste… nur so konnten alle drei Familien einen guten Braten auf den Tisch zur Kirmes bringen.

Die „Teufelsbrücke"

Im hinteren, westlichen Teil des Lieblingstales endet der Wald an einer großen Wiese, hier erreicht man die seit 500 Jahren bekannte „Teufelsbrücke" über die Schullwitz am westlichen Eintritt zum Lieblingstal. Die mittelalterliche, geschichtsträchtige Sandsteinbogenbrücke ist eine alte Straßenüberquerung von Dresden über Rossendorf vorbei am Eschdorfer Rosinendörfchen zum Elbersdorfer Rittergutsteich. Über diese „Teufelsbrücke" erzählt man sich eine mysteriöse Geschichte.

Lucas, ein junger Handwerksbursche, hatte in der Dittersbacher Schänke gezecht und wollte, als der Geldbeutel leer war, zu mitternächtlicher Stunde durchs Lieblingstal nach Rossendorf laufen. Auf der Brücke über den Schullwitzbach kam Lucas eine seltsame, hinkende Gestalt entgegen. „Was treibt er um Mitternacht hier im Wald?" fragte der Fremde. „Will in den nächsten Ort nach Rossendorf auf's Gut. Ich habe mich verspätet und habe keinen Heller mehr – habe alles verspielt. *Die Gestalt sprach: „Du hast kein Geld mehr? Da kann ich dir helfen. Du bräuchtest dein Leben lang nicht mehr darben und könntest leben wie es dir gefällt. Ich verlange von dir nur ein geringfügiges Entgelt". „Wie das?" fragte der Bursche verwundert. „Was sollte ich Euch schenken, ich besitze nur das was ich am Leibe trage." darauf die Antwort: „Ich begehre nichts als deine Seele, junger Mann, die würde dir im Leben nicht fehlen..."*

Lucas standen die Haare zu Berge. Im fahlen Mondlicht blickte er in die glühenden Augen des Unheimlichen. Und da gewahrte er den Klumpfuß, der unter dem langen Mantel des Unheimlichen hervorlugte, und der sprach: „Überlege es dir gut, du findest mich stets hier auf der Brücke". „Nein, nein", schrie Lukas, „davor soll mich Gott bewahren – nie und nimmer gebe ich meine Seele

Der Weg durch das schöne Tal führt zur Teufeldkanzel am Schullwitzbach.

32

her! Du bist der Teufel!!" Bei der Erwähnung „Gott" hörte Lucas ein scharfes Zischen, und der dämonische Abgesandte der Unterwelt war verschwunden. Der zuvor frische Waldduft war erfüllt von Schwefelgestank … .

Voller Grauen rannte Lucas zurück zur Schänke – wild klopfte er gegen die Tür. Der Wirt saß noch mit einigen Gästen beim Kartenspiel. Völlig verstört erzählte Lucas von seinem gruseligen Erlebnis.

Die Männer hörten ihm zweifelnd zu.

Lucas war sich jetzt selbst nicht mehr sichert: War die schreckliche Begegnung etwa nur ein Trugbild? Hatte er nicht zuvor einigen Gläsern Wein zuviel zugesprochen?

Einer der Gäste, der soeben all sein Gut und Geld verspielt hatte rief aus: „Wenn das stimmt, was du berichtest, gehe ich jetzt noch einmal selbst zur Brücke. Was nützt mir meine Seele, wenn ich von nun an am Bettelstab gehen muss?" Nach Tagesanbruch begab sich Lucas gemeinsam mit dem Wirt zur Brücke. Er hoffte insgeheim Zeichen vom Teufel zu finden, damit man ihm Glauben schenken würde. Du lieber Himmel! Ja, sie fanden Zeichen, ein grausiges, untrügliches Zeichen! Der unselige Spieler lag tot auf der Brücke, sein Haar und sein Bart waren versengt.

Entsetzt rasten die beiden davon, um Männer herbei zu holen, die den toten Nachbarn bergen helfen würden. Als sie abermals auf der Brücke eintrafen, war der Leichnam verschwunden. Nur seine ärmliche Kleidung lag auf dem Steg. In den Taschen des schäbigen Rockes befand sich eine große Menge Goldtaler, genug, um der Witwe mit den fünf Kindern ein sorgloses Leben zu bereiten. War das den Preis einer Seele wert?

Die Brücke wurde fortan „Teufelsbrücke" genannt.

Diese „Teufelsbrücke" im Dittersbacher Lieblingstal lässt auch heute nach einem halben Jahrtausend manch ahnungslosen Wanderer erschauern, wenn ihm in der Dämmerung unbekannte Geräusche aus dem Gebüsch und aus den Baumkronen umfangen.

....

Teufelsbrücke: mittelalterliche Sandsteinbogenbrücke als Straßenübergang von Dresden zum Elbersdorfer Rittergutsteich.

33

Der „Alte" von der Teufelsbrücke

Bei einem meiner Spaziergänge nach der Schule durch das Lieblingstal stand plötzlich vor der Teufelsbrücke über den Schullwitzbach am Rand der Dickung ein Rehbock und äugte mich an. Da ich gut im Wind stand, hielt er mich längere Zeit aus. So konnte ich ihn – hinter einem Koppelpfahl hockend – genau betrachten. Für mich war es ein starker Bock mit einem sehr hellen Gehörn. Langsam zog er Richtung großes Neuland oberhalb der Brücke weiter. Rings umher war alles still. Er wird auf dem Weg zu seinem Nachmittagsäseplatz sein, dachte ich.

Mein Vater nahm meinen Bericht zum Anlass, Freund Ottokar zum Ansitz auf diesen Bock einzuladen. Doch bevor dieser mit der Flinte anreiste, wollte er selbst den Ansitzplatz erst eimal kennen lernen.

So gingen wir beide zunächst allein zur Teufelsbrücke ....

An einem darauf folgenden Sonnabend Nachmittag – ich weiß es noch sehr genau – kam Ottokar mit dem Fahrrad doch zunächst ohne Flinte angeradelt. Nun spazierten wir zu dritt durch das Lieblingstal zur Brücke. Ottokar und Vater erzählten dabei: Dieses Tal gehört zu einem Teil der so genannten „verschönten Landschaft", die das Schloss und die Parkanlagen Dittersbach zu Zeiten des Rittergutsbesitzers JOHANN GOTTLOB

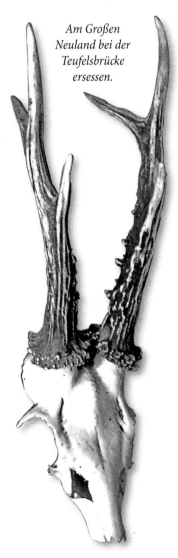

Am Großen Neuland bei der Teufelsbrücke ersessen.

VON QUANDT (1787–1859) umgaben. Oberhalb dieses Tales auf dem Berg „Schöne Höhe" – 327 m über NN – befindet sich das im neugotischen Stil erbaute Schloss „Belvedere" mit einem Aussichtsturm.

Im Auftrag von JOHANN GOTTLOB VON QUANDT wurde dieser turmartige Bau in den Jahren 1831 bis 1833 zu Ehren des Dichters JOHANN WOLFGANG VON GOETHE errichtet. Am „großen Neuland", einer Feldfläche am Waldrand, fanden wir schließlich viele Plätz- und Schlagstellen eines Rehbockes, die – wie Vater bemerkte – auf einen starken Bock deuteten.

Hier wollten wir zu gegebener Zeit einmal auf den Bock ansitzen.

Anfang September war Ottokar also mit der „Flinten-Ausleihe" an der Reihe und kam mit seinem Fahrrad nach Dittersbach. Wieder gingen wir zu dritt durch das Lieblingstal zum Neuland oberhalb der Brücke. Und hier entdeckten wir die Spuren „meines" Rehbockes.

Ein guter Ansitzplatz war in der Nähe des Wechsels rasch gefunden. Aus Laubholzästen steckten wir uns wieder einen Schirm zurecht.

Als der Tag des ersten Ansitzes näher kam, besuchte uns der im Dorf wohnende Forststudent Rolf.

Wie immer wurde viel über die Jagd erzählt, auch den bevorstehenden Ansitz betreffend. Gern ginge er mit, sagte der Student. Und zum vereinbarten Tag spazierten wir nun zu viert durch das Lieblingstal zur „Teufelsbrücke".

Auf Vaters Vorschlag ging ich mit Ottokar zum Großen Neuland, Vater dagegen ging mit dem Forststudent Rolf zum Elbersdorfer Rittergutsteich, um da an den Wiesen anzusitzen. Sie wollten die dort auswechselnden Rehe beobachten.

Voller Erwartung nahmen Ottokar und ich also im vorbereiteten Schirm Platz. Doch außer einigen Hasen ließ sich zunächst kein weiteres Tier blicken.

Dagegen hatten mein Vater und der Forststudent guten Anblick: mehrere Hasen und Rehe wechselten in die Wiese.

Am Tag darauf, einem Sonntag, ging es spät nachmittags wieder zu unseren Ansitzplätzen in der Nähe der Teufelsbrücke.

Ottokar sollte nun endlich seinen ersten Bock zur Strecke bringen.

Eine Weile hatten wir schon im Schirm gesessen, da knackte es mehrmals hinter uns im Buschwerk. Ein Reh trat aus der Dickung über den Weg auf die Wiese. Der Bock mit den hellen Stangen war's, den ich ja schon kannte.

Ottokar wurde ganz unruhig, mit der Flinte schwankte er aufgeregt hin und her. Das Jagfieber hatte ihn sichtlich gepackt. Da drückte Ottokar den Kolben der in der Astgabel liegenden Flinte mir in die Hände und sagte: „Schieß du – ich bin zu aufgeregt!"

Ich schluckte mehrmals, doch dann machte ich alles so, wie beim „Kirmesbock" an den Hohen Brücken ….

Der Bock indes stand stockstill und zog schließlich einige Schritte weiter in die Wiese. Ich zog die Flinte fest an meine Schulter und richtete die Läufe auf die Vorderläufe des Bockes. Im Blatt wackelte ich hin und her….

Ein mächtiger Knall – ich zitterte und Ottokar sagte „Der Bock ist aber nicht weg gelaufen er liegt dort im Gras …!" Wir blieben nach dem Schuss – wie verabredet – noch sitzen und warteten, bis die beiden „Spazierstock-Jäger" zu uns kamen. Es dauerte auch nicht lange, da standen sie bei uns am Schirm.

Ottokar zeigte auf die Wiese vor uns: „Dort liegt er!" Vater: „Ottokar, dein erster Bock!"– doch er sprach: „Nein, der Junge hat geschossen!" Da bestaunten alle meine „Schießfertigkeit in dem Alter"– ich war gerade mal 12 Jahre alt!

Das Aufbrechen übernahm natürlich mein Vater und sagte dazu: „Präge dir alles gut ein! Damit du dann den nächsten Bock versorgen kannst! Doch dieser muss jetzt erst einmal ausschweißen!"

In dieser Zeit betrachteten wie nun alle ausgiebig das Gehörn – Vater schätzte den Bock nach den kräftigen Sechserstangen und langen Rücksprossen etwa auf siebenjährig. Die kurzen Vordersprossen waren bereits zurück gesetzt, die Innenseiten der Stangen schwarz und gut geperlt, die Außenseiten hell und innen schwarz eingefärbt.

Eigentlich sollte er „Ottokars Erster" sein. Doch dieses Mal hatte ich ihn vor einem „eventuellen Fehlschuss" bewahrt. Erst ein Jahr später konnte er bei seinem Freund Alfred B. in Altendorf bei Bad Schandau seinen „ersten Bock" zur Strecke bringen.

Schließlich verschnürte Vater den Bock auf seinem Rucksack, und zu viert gingen wir die Straße nach Dittersbach zurück. Doch das Ziel war nicht unser Haus sondern der Schlosspark. Vater legte den Bock auf die Stufen der Skulptur der Göttin Diana und der Forststudent hielt schon sein Jagdhorn in der Hand. Er verblies den Bock mit dem Signal: „Reh tot!" und daran anschließend: „Jagd vorbei" und „Halali!"

Ich war tief ergriffen, mir lief es kalt den Rücken herunter – das sind Momente, die man im Leben nie vergisst!

Der „zweite Kirmes-Bock"

Im oberen Abschnitt fließt der Schullwitzbach von Eschdorf kommend durch Wiesen und Felder. Eine kurze Wegstrecke nach dem Zusammenfluss vom „Kalten Bach" mit dem „Schullwitzbach" eröffnet sich nach Überquerung des Bachlaufes ein idyllischer, nach Süden hin sich verengender Wiesengrund. Im Westen ist er durch einen dicht bewachsenen Hang abgeschlossen, vor dem einige alte Eichen Lebenskraft und Behauptungswillen ausstrahlen. Nach Osten hin begleiten und begrenzen den Bach Gehölze und Fichten.

Seit 1668 feiert die Gemeinde Dittersbach das „Kirchweihfest" – am Sonntag nach Bartholomäus, dem 24. August. Am gleichen Tag findet

Der zweite „Kirmesbock" – hochflüchtig am Schullwitzbach mit hingeworfener Brenneke erlegt.

seit 1668 im Ort ein Markt statt, der als „Kram- und Schweinemarkt" bezeichnet wird. Diese Tradition lebt bis heute fort als Volksfest.

Wieder einmal rückten der Dittersbacher Jahrmarkt und die Kirchweihe näher, und nun war ein „zweiter Kirmesbock" gefragt. Diesmal wollte Ottokar es wissen. Im hinteren Dittersbacher „Lieblingstal" hinter der Teufelsbrücke am Schullwitzbach Richtung Eschdorf ließen viele Plätzstellen auf die Anwesenheit eines Rehbockes schließen. Einige besonders kräftige Schlagstellen verrieten seine „Stimmung".

Bei einem Spaziergang durch das „Lieblingstal" dorthin zeigte mir Vater an den Sträuchern des Baches die alten und frischen Fegestellen und das „Geplätz" eines Rehbockes, der hier im Getreide seinen Einstand hatte. Zur Äsung wechselte er in die zu beiden Seiten des Baches liegenden Wiesen. „Und jetzt zur Hochbrunft wird er hier seine Ricke treiben", sagte Vater – er kannte sich aus.

Eine Ansitzstelle an einer Erle hatte er schon ausgewählt – von hier aus wäre es eine gute Schussentfernung, sobald der Bock aus dem Getreide herüber wechselte. Freund Ottokar hatte den ganzen August über die Möglichkeit der „Flinten-Ausleihe", so dass man einen „zweiten Kirmesbock" ins Auge fassen konnte. Vater plante also folgendes: Ansitzen am Schullwitzbach in der Nähe der „Teufelsbrücke" am Ende des „Dittersbacher Lieblingstales".

Es war ein „Bilderbuch-Sonntag", als Ottokar mit seiner ausgeliehenen Doppelflinte am Nachmittag bei uns zu Hause auftauchte. Mein Vater begrüßte ihn mit den Worten: „Bestes „Blattjagdwetter"! Versuchen wir es mit dem Bockansitz an der Teufelsbrücke!"

Zu Dritt spazierten wir durch das „Lieblingstal" einige hundert Schritte am Schullwitzbach entlang. Ottokar unterhielt uns während der Wanderung mit Episoden aus seinem Kapellmeisterleben. Dabei kam er auf RICHARD

WAGNER zu sprechen. Auf seinen Spaziergängen rund um die „Schöne Höhe" und im Tal der Wesenitz hätte der Komponist etwa um 1846 die Oper „Lohengrin" entworfen. Die Geschichte zeigte, wie sich der Schöpfer des Schlösschens „Belvedere", JOHANN GOTTLOB VON QUANDT und RICHARD WAGNER in ihrer Goetheverehrung nahe waren. Das Richard-Wagner-Museum befindet sich heute im ehemaligen Graupaer Jagdschloss. Der Ansitzort, eine Erle mit einem provisorischen Schirm, war schon vorbereitet. Hier hockten wir uns hin – Vater mit Blickrichtung zum Rand des Getreidefeldes, Ottokar und ich hatten den Stamm der Erle im Rücken.

Lange brauchten wir nicht zu warten… am Getreiderand tauchte ein Reh auf, doch es verschwand sofort wieder. Das versetzte Vater in gezügelte Aufregung, an uns gewandt flüsterte er: „… gleich wird das Treiben beginnen!" Und er hatte recht: plötzlich rauschte es im Getreide – und nun ging alles ganz schnell: hoch flüchtig setzte ein Reh auf den Bach zu – dahinter folgte ein zweites – Vater hatte sofort „den der Ricke folgenden Bock" erkannt, und als die beiden über den Bach setzen wollten, hatte Vater den Bock „erfasst" – er überschlug sich im Knall und lag schlegelnd ausgestreckt am Bach.

Die Flinte noch halb im Anschlag ging Vater mit raschen Schritten auf ihn zu. Ein Fangschuss war nicht mehr nötig. Es war ein sauberer Blattschuss. Behutsam hob Vater den „Grind" – der gewählte Ausdruck für den Kopf des braunstangigen Sechsers – aus dem Gras und steckte ihm einen „Erlen-Bruch" als Letzten Bissen in den Äser…. Dem bereits „zurück setzenden Sechser" mit den schnurförmigen und geperlten Kranzrosen schätzte Vater auf den ersten Blick als „fünfjährig". Und Ottokar zeigte er auch, wie man dem glücklichen Schützen den „Erlegerbruch" überreicht…. Ottokar raunte nur noch: „Was eben ein alter Jäger ist …"

Der „Stumpenbock"

Vater und ich fuhren von Dittersbach mit dem Rad nach Heeselicht. Im Gutshof befand sich die Parteischule der Bauernpartei Deutschlands – und dort waren vier Doppelflinten für das Jagdgebiet 16 des Kreises Sebnitz, das mein Vater betreute, untergebracht in der Obhut des polizeilichen Pförtners des Gebäudes.

Ein weiterer Jäger, ein Lehrer aus Polenz und ein Jagdeleve begleiteten uns. Von da aus ging es nun mit einer Doppelflinte auf dem Rücken ins Revier. Vater erklärte mir, die heißen Augusttage seien die „Hundstage" und gute Jagdtage auf den Rehbock. Deshalb hatte er die Tage zur Jagd angemeldet und auch bestätigt bekommen.

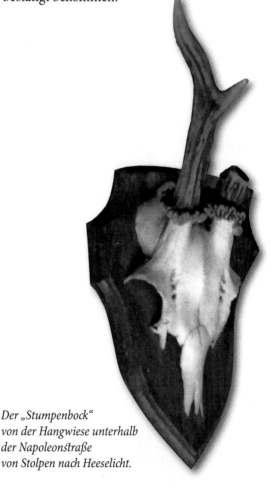

Der „Stumpenbock"
von der Hangwiese unterhalb
der Napoleonstraße
von Stolpen nach Heeselicht.

Auf der „Napoleonstraße", die von Heeselicht bis nach Stolpen führt, fuhren wir nun bis zum Waldbeginn.

Der Lehrer-Jäger und der Jagdeleve sollten sich unterhalb des Waldstückes im Wiesengrund ansetzen. Vater und ich machten uns also auf den Waldweg zu den äußeren Hangwiesen Richtung Helmsdorf. Dort hatten wir bei einem Reviergang ausnehmend viele frische Plätzbetten und Fegestellen gefunden. Das Gras stand kurz. Am rechten Hang steckten wir uns einen provisorischen Schirm neben zwei starken Eichen mit Blick auf den Gegenhang. Wir mochten vielleicht eine gute Stunde gesessen haben, da rührte sich etwas am Waldrand des Gegenhanges. Ich hörte deutlich den Bock plätzen, und wie er sich danach an einem Strauch zu schaffen machte. Auch meinem Vater war das nicht entgangen, er nahm die schussbereite Flinte in die Hände. Und da trat der Bock auch schon ins Freie, ins kurze Wiesengras – ein Blick durchs Glas genügte zum Ansprechen: die rechte Stange voll ausgebildet aber links nur ein Stumpen. Ganz das Rechte für den Abschuss: nickte Vater mir zu. Er nahm die Flinte in Anschlag, wartete bis der Bock richtig Blatt stand, krümmte den Finger – und fort war der Bock.

Ob ich das Schlegeln bemerkt hätte, fragte Vater? Ich aber schüttelte den Kopf und bekam zur Antwort: „Nicht nur die Fluchtrichtung des beschossenen Stückes mußt du dir einprägen, sondern besonders auf die Geräusche achten. Das sind die Zeichen, ob das Stück getroffen wurde und in der Nähe des Anschusses liegen muss!" Den Rat schrieb ich mir „hinter die Ohren"!

Nach kurzer Pause gingen wir nun zum Anschuss, wir hatten keine Mühe den Bock zu finden. Es ist ganz wichtig, sich bei Schussabgabe den Standort des Wildes einzuprägen, das wusste ich bereits. Meine Deutung der Zeichen am Anschuss – Herzschweiß – Vater bestätigte das. Überprüfen wir es, gehen einige Schritte ins *Holz* ... und da sahen wir es rot schimmern: keine zehn Schritte weiter lag der Bock ausgestreckt im Kraut. Die Brenneke hatte die Herzgegend im Wildkörper durchschlagen und die Aorta durchtrennt. Deshalb die kurze Flucht und das rasche Verenden. Dann das Betasten des Gehörns. Nach erstem Dafürhalten – ein zweijähriger Bock – rechte Stange angedeuteter Sechser, linke Stange ein Stumpen, fünf Zentimeter über der Rose in der Wachstumsphase abgebrochen und verknöchert. Die kranzförmigen Rosen nur flach ausgebildet und schwach geperlt. Die bräunliche, kurz vereckte Sechserstange mit weißen Spitzen. Vater steckte dem Bock den „Letzten Bissen" in den Äser und ich übereichte meinem Vater den Schützenbruch mit „Weidmannsheil!". All das hatte ich schon längst in mein für die Jagd schlagendes Jung-Jägerherz aufgenommen. Der tiefe Symbolgehalt der beiden „Brüche" wurde mir erst später richtig erfassbar.

Vater bedeutete mir nun, den Bock an den Läufen aufzunehmen und zum Waldrand zu bringen. Im Handumdrehen hatte Vater den Bock aufgebrochen, als alter Berufsjäger nur zu verständlich. Als der Bock nach dem Aufbrechen zum Ausschweißen an einem Aststummel hing, hielten wir „Totenwacht" eine Zeremonie, die mir Vater näher brachte, mit der ich aber noch nicht viel anfangen konnte. Doch darüber in einem späteren Kapitel. Sachgerecht den Bock auf den Rücken genommen, ging es nun mit dem Rad zurück zum Waffenstützpunkt. Dort waren der Jäger und der Jagdeleve bereits eingetroffen. Dieser hatte ebenfalls einen Bock erlegt – einen jungen Sechser. Und wie der begleitende Jungjägereleve erzählte, hatte er Probleme mit dem Aufbrechen. Er war seinem Lehrherrn zwar schon zur Hand gegangen und hatte anderen Jägern beim Aufbrechen zugeschaut, doch mehr nicht. Und nun stand er etwas ratlos vor seinem erlegten Bock. Doch der Jungjägeranwärter stand ihm helfend zur Seite. Und dann wurde Strecke gelegt: die beiden Böcke ausgestreckt auf dem Wiesenfleck vor der Treppe des Schulungsgebäudes drapiert. Und das Fachsimpeln begann ... .

Am Ende des Jagdpalavers wurden die nächsten Jagdtage besprochen und fest vereinbart.

Der „Getreidebock"

Zwei Tage später trafen wir uns wieder an gleicher Stelle. Ein Polizist, der Jäger werden wollte, und zwei weitere Jäger waren dabei. Von meinem Vater bekam ich den Auftrag, den Polizisten in die „Geheimnisse des Rehbockansitzes" einzuweihen. Dort, wo das Feldgehölz-Geviert an

Der „Getreidebock" –
beim Treiben am Feldrain
abgepasst.

der Heeselicht-Stolpener Napoleonstraße an eine kleine Wiese grenzt, wollte ich ansitzen. An die Wiese schloss sich Getreide an, das noch auf den Halm stand. Vater wollte weiter unten im Feld ansitzen, um dann zu vorgerückter Stunde pirschend zu uns herauf zu kommen. Am beschriebenen Ansitzplatz angelangt, steckten wir uns einen Schirm zurecht, hockten uns dahinter und warteten darauf was passieren sollte, wenn das Rehwild aus dem Getreide zum Äsen auf die Wiese wechseln würde. Doch lange hielt das Stillsitzen des nicht mehr ganz jungen Jägeranwärters nicht aus. Er stand auf, ging auf der Wiese hin und her, setzte sich wieder hin und fragte mich: „Wann kommen denn nun die Rehe?" Wie dieser Wunsch in Erfüllung gehen sollte – bei dieser Unruhe und regelrechten Störung – blieb mir ein Rätsel ... . Doch da fiel ein Schuss aus Vaters Richtung – und mein „Unruhegeist" wollte sofort losstürmen ... .

Aber ich beruhigte ihn: „ Vater wird gleich hier sein!" Und er kam auch schon und bedeutete uns, ihm zu folgen. Nicht weit von unserem Platz am Wegrand zwischen zwei Getreidefeldern lag ausgestreckt der aufgebrochene Bock ... den Schuss hatten wir ja gehört. Vater hatte in der Nähe der beiden breiten Feldraine gehockt und berichtete nun: Plötzlich sei auf einer gut einsehbaren Lagerstelle ein Reh hoch geworden, dem ein zweites – der Bock – folgte. Beide trieben eifrig auf der großen Lagerstelle ... . Der Bock mit gut lauscherhohem, wulstig erscheinenden Gehörn trieb die Ricke ins Getreide zurück. Und als beide wieder ganz nah auftauchten ... die Ricke verschwand in den aufrecht stehenden Halmen, und der Bock verhoffte davor, wendete ... trat wieder ins Getreide zurück ... und dabei streckte er seinen Hals vor – mein Vater schoss auf den Halsansatz – im Knall versank der Bock im Roggen.

Vater sprach nun: „Schaut ihn euch an: Eng gestellt das Gehörn, im unteren Teil braunschwarz und knuffig, wulstige, gut geperlte Rosen und die kurz vereckten Sechserstangen leicht nach innen weisend. Vom Alter her nicht älter als vierjährig!"

Nun verschränkten wir den Bock, und der Eleve bekam ihn auf den Rücken. An unserem Ansitzplatz angekommen, brach ich von der Eiche einen Zweig und steckte ihn als „Letzten Bissen" in den Äser des Bockes. Für meinen Vater brach ich den „Erlegerbruch" und steckte ihn mit „Weidmannsheil!" auf seinen Hut.

Am Waffenstützpunkt angekommen, wurde unter den vier anwesenden Jägern, die heute alle nur Anblick hatten, der Bock begutachtet: von dem alten Berufsjäger ließen wir uns erklären, ob es sich um einen richtigen Abschuss handelte … oder … oder …?

Obwohl zu damaliger Zeit abschusswürdig oder nicht, wurde kaum ein kritisches Wort verloren. Und der „zukünftige Jäger" hatte wieder etwas gelernt an diesem Jagdtag.

Ein kleiner Wermutstropfen: Ich hatte Vater erzählt, wie unruhig sich der Jagdeleve auf dem Ansitzplatz verhalten hatte. Das zog eine wohlmeinende Reformante nach sich, die er nicht verwinden konnte. Mein Vater gab ihm zu verstehen: … ein Jäger muss stundenlang auf dem Ansitz still sitzen können. Daraufhin nahm der Polizist von seinem gerade erst begonnenen „Jagdeleven-Leben" Abstand.

Der „Asta-Bock"

Im Rahmen der Erzählungen zuvor erlegter Böcke war dieses Mal ich der „handelnde Jäger".

An einem schmalen Wiesenstück am Waldrand zum Feld und Wiesengrund Richtung Stürza saßen Vater und ich schon mehrfach ohne Gewehr an, um die dort auswechselnden Böcke in Augenschein zu nehmen. Hier und im Umfeld, einem weiteren Wiesenstück, gab es frische Plätzstellen zu Hauf.

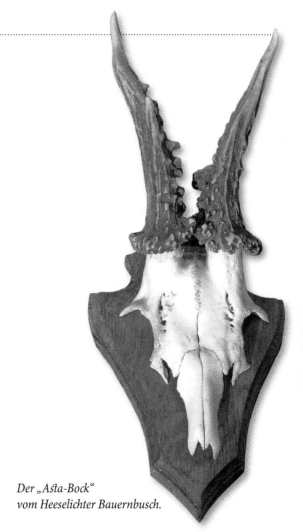

Der „Asta-Bock"
vom Heeselichter Bauernbusch.

Eines Abends war ich allein mit dem Rad auf Erkundung gefahren. Das Rad legte ich an den vorgelagerten Wiesenflecken. Von hier aus war die „Napoleon-Straße" gut einzusehen. Aus abgebrochenen Laubholzästen steckte ich mir einen provisorischen „Schirm" in die Erde und war nun gespannt, ob sich heute vielleicht ein Bock zeigen würde. Nur langsam verging die Zeit. Als schließlich die Amseln ihre Abendlieder anstimmten, regte es sich auf einmal vor mir im Getreide – und da stand der Bock! Stockstill stand er und sicherte in meine Richtung zum Waldrand hin. Da er von mir keinen Wind bekommen konnte, trat er einige Schritte weiter auf die Wiese. Stattlich, kraftvoll und gespannt stand er vor mir. Im Glas erkannte ich einen Spießer mit dickem Hals und vollem Kopf. Daß es bei Rehen, die zum Niederwild gerechnet werden, Hals statt Kopf und Grind anstatt Haupt heißt, wusste ich ja längst. Jetzt blieb ich so lange sitzen, bis er wieder zurück ins Getreide wechselte und meinen Blicken entschwand. Danach erst machte ich mich auf den Nachhauseweg.

Zu Hause berichtete ich meinem Vater von dieser Begegnung.

Wenige Tage später war wieder ein Jagdeinsatz geplant. Wir fuhren zum Waffenstützpunkt nach Heeselicht und erreichten dann zu später Nachmittagsstunde den erwähnten Ansitzplatz. Hier hofften wir, auf den von mir bestätigten Spießer erfolgreich anzusitzen. Hinter einem Schirm aus Laubholzästen warteten wir nun mit Blick auf das Getreidefeld gespannt, ob der Bock sich heute blicken lassen würde.

Gemeinsame Freude über den alten Spießer nach erfolgreicher Nachsuche.

Und mit einem Male leuchtete es am oberen Ende des Wiesenstreifens rot – ganz unvermittelt trat der Bock heraus und näherte sich. Vater fieberte regelrecht, die Flinte in seinen Händen bewegte sich leicht – zum Glück nahm der Bock das nicht wahr. Da gab es bei Vater einen leichten Ruck, er drückte mir die Flinte in die Hand: ich sollte den Bock zur Strecke bringen. Ich fieberte mit der Flinte in den Händen – ich durfte – ich wollte ja auch – und ich hoffte, es möge mir gelingen. Langsam nahm ich also die Flinte hoch, drückte mich an den Baum an meiner rechten Seite … der Bock kam näher, stand aber noch halb spitz. Als er sich nun breit stellte und mir sein Blatt zeigte, folgte ich der Bewegung mit den Läufen und sah über die Schiene in Richtung Bock – jetzt müsste es gehen … . Die Flinte etwas verkrampft haltend, krümmte ich mit dem Zeigefinger der rechten Hand den Hahn – und 'raus war die Brennecke! Durch meinen Körper ging ein Ruck – der Bock ging nieder, doch er kam sofort wieder auf die

41

Läufe und flüchtete über den Wiesenflecken ins Holz – nicht zurück ins Getreide…. Mein Vater schluckte und räsonierte: „War wohl ein Mitte-Blatt-Schuss, na warten wir ab…" Im Holz hatten wir kein Knacken gehört … war der Bock schon verendet? Nach kurzer Wartezeit dann der erlösende Gang zum Anschuss, der war leicht zu finden. Wir fanden hellen Schweiß und Knochensplitter…. Für Vater war dies „ein typisch hoher Laufschuss" – doch jetzt hieß es Ruhe bewahren und erst einmal den von mir fabrizierten „schlechten Schuss" verdauen. Die Nachsuche wollten wir erst am nächsten Morgen machen. Am Waffenstützpunkt vereinbarten wir mit einem anderen Jäger – er hatte ergebnislos angesessen – uns am folgenden frühen Morgen zu treffen und gemeinsam die Nachsuche aufzunehmen. Ich weiß es noch wie damals: ich hatte eine ganz unruhige Nacht, ich war ja noch kein offizieller Jäger – und dann der schlechte Schuss! Meine Rauhhaarteckelhündin „Asta von der Schnöckenburg" wurde von meiner Unruhe angesteckt und hockte die ganze Nacht vor meinem Bett….

Als ich früh von meinem Vater geweckt wurde, ging alles ganz rasch – kurze Wäsche, Hemd und Hose übergezogen, ein Stück Brot, den großen Jagdrucksack aufgehalten – ein Satz – und Asta saß drinnen, die kurzen Läufe über den Rand gelegt, die Schnur leicht zugezogen – und ab ging's mit dem Fahrrad nach Heeselicht. Am Waffenstützpunkt wartete bereits der andere Jäger, die Gewehre griffbereit, um sie zu schultern. Und los ging es ins Revier zum Anschuss. Asta blieb im Rucksack, bis wir am Anschuss standen, dann halste ich dem Dackel den Halsriemen an, und Vater überließ uns beiden die Nachsuche. Der andere Jäger stand an der Wiese, wo das Stangenholz endete.

Weit kamen wir nicht – plötzlich zog Asta straff an – da sprang der Bock aus dem Wundbett auf. Ich hatte genug Riemen gegeben, „ab ging die Post" – und schon hing der Hund am Bock, doch nicht an der Drossel, sondern in der linken Keule hatte er sich verbissen. Der Bock rutschte samt Hund etwas weiter … mein Vater war sofort zur Stelle und gab, als der Halsansatz frei war, den Fangschuss. Der Hund ließ ab, fasste aber nun an der Drossel zu … was für eine jagdliche Dramatik! Als wir an den Bock heran traten, sahen wir die Bescherung: beide Vorderläufe waren tief am Wildkörper durchschossen…. Der „echte" Jungjäger hatte vor dem Stangenholz gewartet, rasch war er nun zur Stelle und schüttelte den Kopf – ein solcher Schuss und eine solche Nachsuche waren ihm noch nicht passiert. Das Gehörn wurde nun ausführlich begutachtet: vor uns lag ein vielleicht fünfjähriger Spießer. Die Stangen in der unteren Hälfte tief braun gefärbt und gut geperlt, im oberen Drittel hellbraun mit hellen Spitzen und geperlt. Die Rosen dachförmig, kranzförmig und ebenfalls geperlt. Dann den „letzten Bissen" von mir in den Äser gesteckt … und auch meiner Asta steckte ich einen Bruch an die Halsung. Den Schützenbruch allerdings musste von Rechts wegen mein Vater erhalten. – Das Aufbrechen wurde eine „Lehrstunde" für den „Noch-nicht-Jäger", zum ersten Mal erlebte ich diesen Vorgang. Ich staunte, wie rasch und sauber der Bock von meinem Vater aufgebrochen wurde – für einen gelernten Berufsjäger war das natürlich kein Problem.

Trotz des schlechten Schusses war es für mich ein unvergessliches Jagderlebnis, immer wieder kommt es mir lebendig in Erinnerung … und stets denke ich dabei an meine „Asta".

Der „Schwarze vom Dürrröhrsdorfer Bauernbusch"

Die Hundstage waren vorüber, regnerisches Wetter stellte sich ein. Der „Schwarze" im Dürröhrsdorfer Bauernbusch hatte es Vater angetan. An der Bahnstrecke nach Helmsdorf – Stolpen war er ihm einmal „über den Weg gelaufen". Vom Waffenstützpunkt in Heeselicht holten wir das Jagdgewehr, eine 16er Doppelflinte, und fuhren zurück zu unserem Ansitzort am Bauernbusch hinter dem Eichenhang an den Bahngleisen.

Als es auf die „Stunde des Bockes" ging, trat weit entfernt eine Ricke ins Feld aus – und schon stand er da, der „Schwarze" und äste sich ins Feld. Da drückte Vater die Flinte mir in die Hände – ich sollte schießen. Mich hatte das Jagdfieber schon überfallen... ich zögerte. Doch Vater bedeutete mir: „Du musst lernen, dich zu beruhigen, und das gelingt am besten mit der Jagdwaffe in der Hand beim Anblick des Wildes, wenn es noch nicht auf Schussentfernung heran ist!"

Über die Schiene nahm ich darauf den Bock „ins Visier", und als er – keine 30 Schritte von uns entfernt – sich richtig breit stellte und stand – riss ich den rechten Hahn durch....

Der Bock stürzte, doch er kam wieder hoch und flüchtete in Richtung Eichenhang.... Nach der obligatorischen Wartezeit von etwa zehn Minuten gingen wir vorsichtig zum Anschuss. Dort fanden wir ein paar dürftige Schweißspritzer, wenige Schritte weiter Schweiß vermischt mit schmierigen Wildbretkrümeln.... „Du hast also den Schuss verrissen – vom Blatt nach hinten weg gezogen..." meinte Vater. Ich hätte in den Boden versinken mögen!

Vater selbst war ja für saubere Schüsse bekannt, doch jetzt tadelte er sich selbst als „mein Vorbild". Aber nun hieß es, die Nachsuche baldmöglichst zu organisieren, und dafür kam nur sein Freund Curt, der „Hundemann" aus Pirna infrage. Der Anruf war erfolgreich: Curt sagte für den nächsten Vormittag zu und kam mit seinem Drahthaar per Bus bis zum Dittersbacher Marktplatz. Nach herzlicher Begrüßung ging es nun zu dritt mit dem Hund nach Dürrröhrsdorf bis zum Abzweig nach Helmsdorf.

Jetzt begann die Arbeit: flott nahm der Hund die Fährte auf... und Freund Curt beruhigte uns: ... trotz dieses „Problems"– der Hund findet den Bock!" Über Nacht hatte es leicht geregnet, das erschwerte die Nachsuche und ließ sie vielleicht sogar ins Leere laufen. Doch der Freund beruhigte uns: „Trotz dieser Erschwernis wird „Ottokar" den Bock finden!"

Am Anschuss angekommen, wurde der Hund erst einmal abgelegt, dann der Schweißriemen angedockt, und nun begann die Arbeit. Er nahm sofort die Krankfährte auf, dann ging es den Eichenhang hinauf – doch mit einem Mal war die Wundfährte verloren.... „Der Bock wird in der Nacht in seinen Einstand zurück gewechselt sein..." meinte Vater, und Curt stimmte zu.

Der „Schwarze"
vom Dürrröhrsdorfer Bauernbusch –
nach Regen mit Curts Drahthaar
erfolgreich nachgesucht.

Doch das erschien eigentlich unwahrscheinlich. „Also müssen wir nun den Hund nochmals am Anschuss ansetzen. Und wieder gings zum Eichenhang und flott hindurch über die Straße ... doch am Wald war Schluss. Ein leichter Regen hatte wohl die Wundfährte verwaschen. Curt aber gab nicht nach: „Trotz dieser Widrigkeit muss der Hund doch das Stück finden ...!"

Über der Straße ließ er ihn noch einmal den Graben absuchen ... da zog der Hund plötzlich an ... und nach wenigen Metern im Wald standen Hund und Curt vor dem längst verendeten Bock. Mit ein paar Sprüngen waren Vater und ich in der Senke und zogen den Bock ins Freie. Vater stellte fest: „Ein Weidwundschuss, wie er schlechter nicht sein konnte ...!" Hinter der Keule, im Gescheide hatte die Brennecke gefasst, und durch das Fortflüchten nach dem Schuss so gut wie kein Schweiß – nur ein paar Krümel vom Gescheideinhalt.

Als ich mich bei Curt mit „Weidmanns Heil!" bedankte und dem Hund einen Bruch, den Vater mir mit „Weidmannsheil ..." überreichte, in die Halsung steckte, da erzählte Vater nun die Geschichte: „mein Sohn war der Schütze ..." Er tadelte mich nicht, sagte aber: „... in deinem zukünftigen Jägerleben wirst du sicher noch ähnliche Schüsse fabrizieren .... Aber zur Jagd und zur Nachsuche gehört eben doch ein guter Hund. Der Drahthaar von Curt hat seine Sache gut gemacht und alle hatten ein reines Gewissen – der Hund hat ihn gefunden, und so haben wir ihn vor dem Verludern bewahrt!"

Und nun die Beurteilung: „Das Gehörn ist gut lauscherhoch, die schwarzbraunen Stangen zurück gesetzt, die Vordersprossen noch schwach angedeutet, schnurförmig die Dachrosen. Nur die Rückseiten der Stangen im unteren Drittel etwas geperlt, die Rosenstöcke sehr kurz und dick ... was auf ein hohes Alter schließen lässt." Nach dem Abkochen von Gehörn und Unterkiefer die Bestätigung: nach dem Abschliff der Zähne im Unterkiefer – über zehnjährig! Noch heute betrachte ich das Gehörn oft sehr nachdenklich ... es hängt über meinem Schreibtisch, und ich fabuliere manchmal noch über diese schon so lange zurückliegende Erlegung.

Der „Elfenbeinfarbene"

Die Judenleite ist gewissermaßen die Fortsetzumg vom Dittersbacher Pfarrbusch – Waldstreifen beiderseits des Hanges an der Wesenitz, die sich bis Helmsdorf bei Stolpen hinzieht. Die Wesenitz ist ein kleiner Fluss, der am Valtenberg in der Oberlausitz entspringt und bei Pirna in die Elbe mündet. Ein schmaler Weg schlängelt sich nun gleich hinters Geipelts Mühle hoch zu den Feldern.

Eingangs des Weges beginnt eine schon hoch gewachsene Fichtendickung. Und da entdeckte ich eines Tages fast rundum frisch geschälte Stämmchen. Rotwild kommt hier nicht vor – also konnte hier nur ein Bock sein „Unwesen" getrieben haben, und sicher ein ganz starker.

Ich schlug also meinem Vater vor, oben am Feld anzusitzen, um den Bock dort erst einmal zu Gesicht zu bekommen. Wo der Weg vom Feld zur Wesenitz hinunter führt, sollte ich ansitzen. Er selbst wollte am unteren Wieseneinschnitt im Wald kurz vor der Fahrstraße zum Bahnhof Dürrröhrsdorf – Helmsdorf – Stolpen ansitzen.

Auf dem Heimweg besprachen wir dann das Ergebnis unseres Ansitzes. Vater hatte nicht ein Reh in Anblick gehabt, doch dafür etwas Außergewöhnliches: einen Luchs, der das Wiesengeviert entlang und zurück ins Holz trabte. Bei diesem Luchs handelte es sich wohl um einen Durchzügler aus dem Böhmischen. Dass kein Stück Rehwild auf die Wiese trat, war nicht verwunderlich, denn wo der Luchs wechselt, ist das Rehwild auf der Hut.

Ich aber hatte Rehwildanblick: Eine Ricke trat ganz unvermittelt gefolgt vom Bock aus dem Holz bei noch gutem Licht ins Feld, und so-

Der „Elfenbein-Farbene" oberhalb der Helmsdorfer Judenleite – mit 15 Jahren erlegt.

Die Hangseiten der von der Wesenitz durchflossenen Judenleite sind ideale Rehwildeinstände.

gleich begannen beide begierlich in der Luzerne zu äsen. Doch der Bock trieb die Ricke wieder zurück ins Holz – dass es nur so knasterte. Dann trieb er die Ricke wieder aufs Feld – weit hinaus in die Luzerne.

Der Bock – nach „meinem" jagdlichen Ermessen: ganz stark im Körper und das Gehörn weit über lauscherhoch … .

Nach dem Jagdpalaver entschied Vater: „… wenn das Wetter hält, sitzen wir beim nächsten Jagdeinsatz auf deinen Mordsbock an!"

Der Tag kam, das Wetter passte. Vater holte in Heeselicht die Flinte, ich wartete an der Dürrröhrsdorf-Helmsdorfer Straße mit dem Forststudenten Rolf Scharfe. Er wollte an der „Luchswiese" ansitzen.

Da kam auch unser Jäger, der Forststudent, angeradelt … . Es war später Nachmittag, als wir uns zu Fuß zu unseren Ansitzplätzen begaben, nach dem Ansitz wollten wir uns hier wieder treffen. Am Weg, der vom Feld aus an die Wesenitz führt, steckten wir unseren Ansitzschirm und erwarteten dahinter das hoffentliche Erscheinen des Bockes. Schwülwarm war die Luft, nur ein unmerklicher Lufthauch berührte uns.

Da schüttelte sich hinter uns das Gesträuch – der Bock war also auf den Läufen …! Und schon kam auch die Ricke zum Vorschein – der Bock hinterdrein und trieb sie auf die Äsung. Dort trieben sie ein Weilchen ihr „Ringelspiel", bis sie wieder in Holz verschwanden. „Die beiden kommen gleich wieder …" gab Vater mir zu verstehen und reichte mir die Flinte. „Du hast ihn bestätigt, nun bringst auch du ihn zur Strecke!" Lange brauchten wir nicht zu warten, da kam die wilde Jagd zurück auf die Luzerne. Ich nahm die Flinte in Anschlag … und als beide Stücke in unsere Nähe trieben wartete ich, bis sie ihr Spiel unterbrachen … die Ricke flüchtete noch ein kurzes Stück und tat sich dann nieder – der Bock tats ihr gleich. Jetzt hieß es erst einmal warten, bis der Bock wieder hoch kam. Und plötzlich stand er wie ein Schaukelpferd da – ich schob die Flinte durch die Äste meines Schirms und suchte über die Schiene den Zielpunkt kurz hinterm Blatt … und verschwunden war der Bock von der Bildfläche … die Ricke aber stürmte in hohen Fluchten vom Feld ins Holz … – schüttelfrostartig hatte mich das „Jagdfieber" erfasst … „Gut gemacht!" sagte mein Vater, „aber warten wir noch, bis du dich wieder beruhigt hast vom Jagdfieber!"

Schritt für Schritt gingen wir nun in die vermutete Richtung … und standen plötzlich vor dem in die Luzerne gebetteteten Bock. Vater hob als Erster den Grind aus dem Grünen und stieß einen Juchzer aus: „… ein ganz starkes „Rauhbein" hast du zur Strecke gebracht !" und er umarmte mich. Nun beugte ich mich über den Bock und betastete das Gehörn. Solch ein Weidmannsheil mit gerade mal 15 Jahren … . Ganz selbstverständlich zog ich den Bock zum Waldrand und steckte ihm den „Letzten Bissen"

in den Äser. Zum Aufbrechen gab mir Vater sein Jagdmesser – ich führe es noch heute bei der Jagd! Das Gehörn gut lauscherhoch mit eng gestellten Stangen, langen spitzen Rücksprossen, doch kurzen Vordersprossen. Die Stangeninnenseiten dunkel gefärbt und gut geperlt. Die kurzen Rosenstöcke deuteten auf ein hohes Alter hin: geschätzt sechs- bis siebenjährig … die geperlten Rosen schnurförmig … .

Als der Bock dann zum Ausschweißen an einem Aststummel hing und Vater mir den Schützenbruch überreichte, klang ein Jagdsignal in den Abend – der Forststudent hatte den Schuss gehört, darauf hin hatte er seinen Ansitz abgebrochen und sein Horn in die Hand genommen. Und schon kam er zu uns herauf gelaufen: Er bestaunte den Bock, und als er den Bruch an meinem Hut erblickte, gratulierte er mir mit einem herzlichen „Weidmannsheil!" Noch einmal setzte er das Horn an, blies das Signal „Reh tot", anschließend „Halali" und „Jagd vorbei!"

Nun huckte unser Rolf den Bock auf, und wir gingen zu unseren Rädern hinunter an die Fahrstraße. Rolf und ich fuhren nach Hause, Vater nach Heeselicht zum Waffenstützpunkt.

Als wir am Dittersbacher Schloss vorbei fuhren, schlug Rolf noch vor: „Fahren wir doch zur „Hubertuskapelle" – sie war zu dieser Zeit noch eine Ruine – „dort verblase ich den Bock traditionsgerecht!"

Auf den Stufen der Kapelle legten wir den Bock ab, ich stellte mich zum Kopf des Bockes, Rolf stand neben der Kapelle mit Blickrichtung zur Dittersbacher Kirche und blies zum zweiten Mal: „Reh tot!" und danach das „Halali!" und „Jagd vorbei"!

Dieses jagdliche Erlebnis hinterließ bei mir tiefe Spuren, es hat mich jagdlich nachhaltig geprägt. Oft stand ich als Schuljunge vor der Ruine der „Hubertuskapelle". Der Weg durchs Lieblingstal, an dessen Eingang die Kapelle steht, war mein oft benutzter Spazierweg nach der Schule.

Die St. Hubertus-Kapelle

Und 62 Jahre später
hielt ich eine „Hubertusandacht".

Am Eingang zum „Lieblingstal" ließ der ehemalige Schlossherr von Dittersbach, JOHANN, GOTTLOB VON QUANDT (1787 – 1859), ein Kunstkenner und Mäzen, im Jahr 1838 eine „Hubertus-Kapelle"– die einzige evangelische in Deutschland, dem Schutzpatron der Jagd, St. Hubertus gewidmet – im neogotischen Stil als Schmuckelement errichten.

An der inneren Rückseite stellt ein Gemälde die „Bekehrung des Heiligen Hubertus durch den „ein Kreuz tragenden Hirsch" dar. Leider verfiel nach QUANDTS Tod im Jahr 1859 dieses

seltene, interessante „Schmuckstück" mehr und mehr. Erst etwa 150 Jahre später wurde sie auf Initiative des inzwischen gegründeten „Quandt-Vereins Dittersbach" wieder restauriert und neu geweiht.

Und weitere 62 Jahre später, nach dem Verblasen meines elfernbeinfarbenen Bockes aus der Judenleite, stand ich wieder vor der inzwischen instand gesetzten Hubertuskapelle und hielt mit den Polenzer Jagdhornbläsen eine „Hubertus-Andacht"... .

47

Im Polenztal – in der Sächsischen Schweiz

Die „Märzenbecher-Wiesen im Polenztal – zur Blütezeit eine Augenweide.

Durch die Jagd lernte ich das Polenztal kennen – und das ist schon sehr, sehr lange her. Die Märzenbecherwiesen haben dieses Tal weit über die Grenzen von Sachsen hinaus bekannt gemacht. Im oberen Polenztal befindet sich Sachsens größtes Wildvorkommen von Märzenbechern, *Leucojum vernum*. Die zu den geschützten Arten gehörende Art gedeiht hier an der Nordgrenze ihres natürlichen Verbreitungsgebietes von Mitteleuropa. Als ursprüngliches Auenwaldgewächs hat der Märzenbecher seit Jahrhunderten auf den von Bauern in der Polenzaue angelegten Talwiesen einen günstigen Ersatzstandort erhalten.

Und so begann es: Am 2. Januar 1954 – ich weiß es noch genau – hatte der damalige „Staatlich Be-

auftragte Jagdberechtigte", Revierförster Dienel aus Schönbach bei Sebnitz, zur Jagd eingeladen. Mein Vater war damals verantwortlich für das Jagdgebiet 16 des Kreises Sebnitz. Dazu gehörte auch das Gebiet um das Polenztal. Er hatte den Vorschlag gemacht, bestätigte Jäger aus den umliegenden Ortschaften zur Begrüßung des Neuen Jahres zu einer kleinen Jagd einzuladen. Treffpunkt sollte der Gasthof Cunnersdorf am Rande des Polenztales sein. Auch Richard, ein „älterer Jungjäger" war eingeladen. Der Revierförster brachte einen Bekannten ebenfalls mit zu dieser „Jagd"– mit ihm hatte er den

Jahreswechsel gefeiert. Dieser Bekannte war der Kapellmeister der Berliner Polizei-Kapelle, Willi Kaufmann, den seine Frau sowie eine Sängerin mit zwei Kurzhaar-Teckeln begleiteten. Der (Polizei-)Musiker war kein Jäger, doch für einen Tag wollte er es gern einmal sein. Auf Grund seiner Dienststellung als „Oberst" bekam er auch eine Flinte samt Patronen in die Hände gedrückt. Die Verantwortung dafür übernahm der Volkspolizist, der mit den Doppelflinten von Sebnitz mit einem klapprigen PKW F8 anreiste. Nach einem „Begrüßungstrunk" ging es ins Revier. Es herrschte Schneewetter. Die Hänge von der „Bockmühle" bis zur „Scheibenmühle" waren verschneit und vereist.

Als mein Vater die Einteilung der Schützen vornahm, fiel mir als „Ortskundigem" die Aufgabe zu, zwei der Jäger oberhalb der Bockmühle anzustellen. Danach sollte ich das Wild am Hang „locker" machen, und sobald ich Signal gab, sollten die beiden Schützen „nachziehen".

Mein Vater ging mit drei weiteren Schützen bis zum Wendischen Weg und stellte dort bis zum Feld ab. Hier wollte er mich am Ende des Treibens in Empfang nehmen. Ich machte mich also mit dem Kapellmeister-Musiker und Richard, dem Jungjäger in Richtung Polenztalhang oberhalb der Straße zur Bockmühle auf den Weg.

Kaum hatte ich Richard sozusagen als „Vorposten" auf den Rückwechsel angestellt, da knallte es schon. Als ich mich zu ihm umdrehte, suchte Reineke über das Feld das Weite, aber er hatte „angebrannt"– kein „gutes Omen" für das neue Jahr!

Als wir noch ein paar Schritte weiter gegangen waren, fragte mich der Dirigent: „Wie öffnet man denn die Doppelflinte?" Ich war natürlich voll im Bilde – und als er in die geöffneten Läufe blickte, fragte er: „welche Patronen?" Nun klärte ich ihn auf: „rechts dreieinhalb Schrot, links die Brennecke für Rehe!" Als ich die Flinte zuklappte und sie ihm in die Hand gab, sprang

ein Hase auf und nahm schleunigst Reißaus ... . Er drehte sich zu den beiden Frauen, die auch mitgekommen waren, um und sagte ganz erfreut: „Da – ein Hase!" An die Flinte in seinen Händen hatte er gar nicht gedacht – der Musiker ... . Nun bedeutte ich ihm, 20 Schritt vorzugehen, damit ich mit meiner Treibertätigkeit beginnen könnte.

Ein Jäger aus dem benachbarten Ehrenberg, Artur Peschke, hatte sich verspätet und wollte noch an der Bockmühle zu der kleinen Jagdgesellschaft aufschließen. Dort angekommen, sah er die beiden Frauen den Polenztalweg entlang spazieren. Er ging ihnen nach, weil er hoffte, die Jäger auf dem Weg zu den Standplätzen noch erreichen zu können. Doch da erlebten die beiden Frauen auf der Brücke ein „Malheur": der „Spaziergang durch Eis und Schnee" war ihnen wohl doch zu mühsam, sie wollten daher zurück gehen und den Weg von der Bockmühle zurück ins Tal eine Strecke

Auf dem Weg zum zweiten Treiben. Am Hang oberhalb der Bockmühle lagen die Hasen locker.

laufen, um dann in der Gaststätte das Eintreffen der Jäger zu erwarten. Doch schon an der ersten Brücke war „Endstation" – die Sängerin – mit den beiden Hunden an der Leine – rutschte auf der vereisten Brücke aus, fiel rücklings hin und riss sich am Eis die Hosen auf. Artur Peschke nahm also beide Frauen und die Hunde in Empfang und begleitete sie zurück in den Cunnersdorfer Gasthof. Dort warteten sie nun gemeinsam auf das Eintreffen der Jäger.

Ich unterdessen setzte meinen Treibergang am Hang fort bis zu Wendischen Weg, wo die anderen Schützen vorstanden. Mehrere Schüsse fielen. Als mein Vater mich und die versammelten Schützen in Empfang nahm, lagen zwei Krumme und ein Fuchs auf der Strecke – ein bescheidener Anfang. Doch waren alle guter Laune.

Jetzt sollte der gegenüberliegende Hang abgestellt werden, von der vereisten Polenz bis zur Bockmühle. Obwohl es sich schwer laufen ließ, sollte ich vom Luschdorf-Hof oberhalb der Bockmühle erst die kleinen Hölzer vom Heeselichter Feld aus durchstöbern und dann den Hang von der „Wendisch Au" bis zur Bockmühle und dort die Buschhasen locker machen. Im Wald am Heeselichter Feld standen einstmals die Hütten von Ludwigsdorf-Luschdorf worauf heute eine Erklärungstafel hinweist. Die Hütten wurden bereits in einer Urkunde von 1388 erwähnt. Diese ehemalige Siedlung wurde als das wüste Ludwigsdorf bezeichnet. Vermutlich durch Feuer, andere Naturgewalten Krankheiten (Pest) ist diese Siedlung verschwunden. Mit Freude machte ich mich auf dem Weg. Obwohl es sich schwer im hohen und teiweise leicht verharschten Schnee laufen ließ, kam ich doch gut vorwärts und trat einige Hasen aus ihren Lagern.

Unterdessen fielen Schüsse unten im Tal. Auch am Hang zur Bockmühle hin fuhren Hasen aus ihrer Sasse – die Schüsse verrieten mir, dass sie bei den vorgestellten Schützen ange-

Das besondere Erlebnis Winterwald.

kommen waren. Am Treffpunkt Bockmühle lagen dann nach dem zweiten Treiben fünf Mümmelmänner und ein Fuchs auf der Strecke. Dazu die beiden Krummen und der Fuchs vom ersten Treiben – also sieben Kreaturen. Mit der kleinen Strecke an dem prächtigen Wintertag waren alle Schützen zufrieden.

Der Kapellmeister hatte die beiden Treiben durchgehalten, allerdings nur als Gewehrträger und Betrachter der Landschaft. Er war ja auch „nur ein jagdlicher Statist in der Winterlandschaft" und hatte sich also tunlichst zurückgehalten. Vom „Schießen" keine Spur – beobachtet hatte das der Nachbarschütze – ihm war der eine Hase förmlich vor die Flinte gelaufen. Doch allein schon das den Jägern nach der Jagd erzählte Malheur der Damen löste ein „homerisches Gelächter" aus. Und dann erst im Cunnersdorfer Gasthof – da hob das Gelächter erneut an, ob der nicht gerade winterlichen Bekleidung der beiden Frauen, doch die Beiden gaben sich trotzdem in der Gesellschaft der Jäger ganz fidel.

In voller Fahrt

Anfang Januar sollte ein letztes Kläpperchen stattfinden, sozusagen als Abschluss der Hasensaison und zugleich als jagdlicher Auftakt im neuen Jahr mit anschließendem Schüsseltreiben versteht sich. Vater hoffte auf bestes Jagdwetter für die Streife im Helmsdorfer Feld, vertraute dem selbst erstellten Zwölf-Nächte-Kalender, aus dem er für Januar Schnee und Kälte heraus las. Doch vom vorausgesagten Wetter war über Silvester und Neujahr nichts zu spüren, recht frühlingshaft ging's statt dessen zu. Vater erinnerte sich, von väterlichen Freunden gehört zu haben, dass die Dresdner vor der Wende zum 20. Jahrhundert Silvester unter freiem Himmel in Gartenlokalen fröhlich bei und zu den „Drei Königen" im Schnee versanken.... Ähnliches Wetter gab es auch in jenem Jahr, von dem hier die Rede sein soll. Ganz leise schlich sich der Winter heran und griff zu mit Schnee und Kälte. Vaters Stimmung stieg, denn Hasenjagden bei leichtem Schnee liebte er über alles, sie gehörten zu den jagdlichen Feiertagen. Wer will schon Sauwetter beim Hasenklappern, mit Lehmbrei an den Stiefeln, mit Nieselregen im Gesicht, mit Windböen im Rücken? Beim Hasenkläpperchen muss es gemütlich zugehen.

Vaters gute Laune übertrug sich ganz schnell auf mich, denn ich durfte dabei sein – ich fieberte danach, dabei sein zu dürfen. Den Tränen wäre ich nahe gewesen, hätte ein Schultag uns einen Strich durch die Rechnung gemacht – so groß war die Vorfreude auf die bevorstehende Jagd, die weihnachtliche konnte größer nicht sein.

Am Morgen des Jagdtages sagte Vater: „Das Rauhaar kommt mit – du trägst ihn im Rucksack. Wir werden ihn ganz sicher gebrauchen." Mehr kam nicht über seine Lippen, und ich erahnte auch nichts von dem, was er im Schilde führte. Denn Hasentreiben und Rauhaarteckel passen ja nicht zusammen. Und auf Rehwild wird auf solch einer Jagd nicht geschossen.

Endlich ging es los, ein klappriges Lieferfahrzeug holte uns ab, wir fuhren zum Gasthof ins Nachbardorf. Dort bekamen die Jäger ihr Handwerkszeug ausgehändigt: Doppelflinte und Munition. Ein Volkspolizist in blauer Uniform mit einer Limousine vom Typ F8 war die unterste staatliche Instanz für die Ausleihe von Jagdgewehren. Wer jagen wollte und dazu ermächtigt war, musste sich mit diesen „Spielregeln" anfreunden und abfinden.

Mit der ausgeliehenen Doppelflinte auf dem Rücken und 15 bis 20 Schrotpatronen in der Tasche fühlte sich jeder als „König für einen Tag". Das tröstete die alten Jäger von echtem Schrot und Korn über verlorene Jagdparadiese hinweg – denn wer die Jagd im Blute hat, der gibt nicht auf.

Acht Jäger und eine Handvoll Treiber hatten sich eingefunden. Kein Eingeladener fehlte. „Grad genug für kleine Streifen und kleine Holztreiben", meinte Vater und übernahm die Leitung über das kleine Jagdkommando. So nannte man in den 50er Jahren des vergangenen Jahrhunderts die mobilen Jägergesellschaften, die in wechselnder Zusammensetzung von Ort zu Ort zogen.

Gleich hinter dem Dorf begann die erste Streife. Zwei Flügelschützen sollten vorgreifen, die Schützen- und Treiberlinie, also die Front, sollte langsam vorgehen. Es dauerte nicht lange, da kamen die ersten Hasen auf die Läufe. Riesig sahen die Mümmelmänner auf dem Schneeboden aus – und wie sie mit ihren langen Läufen ausholten und fort stürmten, um ihrenBalg zu retten ...! Die ersten die Reißaus nahmen, hatten Glück – die Flügelschützen denen sie am nächsten kamen, pulverten „ins Blaue".

„Ja, ja…" schmunzelte Vater am Schluss des ersten Treibens: „morgens – und dazu noch hinterm Dorf und bei dem Wetter, da liegen die Hasen locker. Da muss der Flügel flink sein oder den Finger gerade lassen!" Die Frontschützen machten es besser – die ersten fünf Hasen rollierten!

Dann das erste Holztreiben – wir Stöberer hatten die Aufgabe, nach Plan durchzugehen, nicht mit „Hoh" und „Hussa" quer durch und aus, sondern so, als ob wir die Hasen einzeln suchten. Das hieß: ruhig hin und her und dabei langsam vorwärts gehen – mit dem Stock ab und zu auf Buschwerk klopfen; Grasinseln und dichtes Gestrüpp kreuz und quer belaufen, sich dem Nachbartreiber nähern und wieder von ihm entfernen. Diese Art zu treiben dauert zwar länger, und die Schützen bekommen kalte Füße, sie führt aber auch zum Erfolg, sofern die Hasen nicht mit der „Laterne des Lynkeus" gesucht werden müssen.

Wir hatten Erfolg, traten einen Hasen nach dem anderen heraus – um uns herum knallte es – und am Schluss waren alle mit der Strecke zufrieden. Acht Hasen trugen wir zusammen.

Dann folgte zum „Warmlaufen" der Schützen die zweite kleine Streife. Diesmal wollten es die Flügelschützen besser machen, sie bekamen einen Treiber in ihre Linie, konnten so etwas weiter vorgreifen und den vor der Front aufstehenden Hasen – die nach rechts oder links das Weite suchen wollten, gefährlich werden.

Jetzt hielten auch die Langohren besser. An drei Hasen hatte ich ganz schön zu schleppen, denn auch mein Rauhaarteckel ließ sich tragen. Der Hund hatte sich beim voran gegangenen Stöbern warm gelaufen und ruhte sich nun auf meinem Rücken aus – bis zum zweiten Stöbertreiben. Gerade hatten wir uns zum Durchstehen aufgestellt, da krachte es zweimal auf der gegenüber liegenden Seite. Eine ganze Weile stöberte mein Rauhaar recht lustlos… doch plötzlich erfasste

ihn Unruhe – und ab ging's mit Spurlaut! Mit federnden Sprüngen ging Rehwild ab – ihre Spiegel waren trotz Schnee nicht zu übersehen, so spreizten sie die weißen Nadeln! – die Hasen machten wir noch hoch und standen jedes Mal still, bis draußen Schüsse fielen.

Wie ich nun durch das letzte Gehölz kroch, sah ich Artur ins Feld laufen, sich bücken und einen Fuchs aufnehmen – „Es hätten können zwei sein!" rief er uns Treibern zu: „die Schlauberger haben den „Braten gerochen" und wollten sich still und heimlich verdrücken!"

Wir gingen zum Sammelplatz und dort erzählte unser „Fuchsschütze" voller Freude, wie sich's zugetragen hatte: „Zuerst trat ich meinen Standplatz zurecht, um sicher stehen zu können. Dann nahm ich zwei dreieinhalber Schrote in die Hand – ließ sie ganz bedächtig in die Läufe fallen, blickte auf – der Fuchs! Wie von selbst schnappte die Flinte zu. Meister Reineke stutzte einen Augenblick – dann gings ab in voller Fahrt…. Der erste Schuss fasste ihn hinten. So dass er schleppte – der zweite warf ihn in den Schnee…. – „Und der zweite Fuchs?" wollte nun die anderen wissen, „Ach ja, den verpasste ich. Bevor ich endlich die Hülsen aus der ejektorlosen Flinte heraus gefingert und nachgeladen hatte, war der Rote bereits über alle Berge!"

Die letzte Streife unserer Hasenjagd führte zum Wald hin, dort sollte Strecke gelegt werden. Während die Treiber und zwei Schützen von drei Sammelplätzen die Hasen zusammen trugen, wartete Vater mit seinem bis dahin geheim gehaltenen Nebenplan auf: „Bis alle Hasen an Ort und Stelle sind, haben wir noch etwas Zeit für einen Leckerbissen – dafür brauchen wir den Teckel! Gehen wir zum Eichenhang drüben im Feld und nehmen uns die beiden Baue vor. Es müsste mit dem Teufel zugehen, sollte kein Fuchs drinnen stecken. Ich wette eins zu tausend, dass der Bau befahren ist. Drei Seiten sind zu besetzen. Jeder soll etwas davon haben. Kommt er nicht zu Schuss, so bestimmt zu Anblick!" Von der oberen Feldkante her ging es dem nach Süden geneigten Hang zu. Der Hauptbau mit seinen drei Röhren befand sich im oberen Drittel etwa in der Mitte des Hanges im lichten Teil. Weiter links mehr im Unterholz ein zweiter Bau mit nur einer Röhre.

Vater schickte zwei Jäger auf die rechte, zwei auf die linke Seite. Vor dem Hauptbau wollte er selbst stehen. Die beiden anderen Schützen bezogen Posten auf der Nordseite. Die Südseite, das Schussfeld für die Flügelschützen und für meinen Vater, musste freibleiben.

Meine Teckelhündin Asta hatte sich während der letzten Streife im Rucksack ausgeruht – nun war sie an der Reihe. Sie spürte schon,

Mit meiner Rauhhaarteckelhündin „Asta" zwei Rotröcke vor die Flinte gesprengt.

was da kommen sollte und wurde in der Nähe von Reinekes Behausung unruhig. In Sichtweite der Röhren bekam ich den Wink, den Hund aus dem Rucksack zu nehmen und im Arm zu halten. Dann folgte die nächste Handbewegung: Hund absetzen! Ich ließ meine Asta durch die Finger gleiten und fort – und husch in die Hauptröhre – das war alles eins! Vater stand stockstill und schaute gebannt auf die Röhren. Ich lugte hinter seinem Rücken hervor, um ja nichts zu verpassen. Die Sache mit den Netzen und all ihren Nachteilen kannte ich, doch was hier ablaufen sollte, wußte ich nur vom Erzählen. Wenn nur dem Hund nichts passiert, und er heil wieder heraus kommt – das waren meine Sorgen.

In dem Moment riss Vater die Flinte hoch – bautz! Den Fuchs sah ich erst, als er sich überschlug und dann seitwärts wälzte.... Kein freudiges „drauf-zu-Gehen", kein Nachladen, keine Bewegung von mir. Gleich wußte ich warum: ein zweiter Fuchs fuhr aus der Röhre – ich sah noch, wie er im Knall zusammen rutschte – sich wieder aufrappelte und in die Sträucher wankte. Da fiel ein weiterer Schuß – der wohl dem beschossenen Fuchs galt – dachte ich. Von neuem fesselte mich die Hauptröhre: sollte gar ein dritter Fuchs zum Vorschein kommen? Kaum gedacht, sprang nicht ein Fuchs, sondern der Teckel schliefte aus. Er äugte in unsere Richtung, schüttelte sich, trabte zur linken Nebenröhre und nahm diese an. Es dauerte und dauerte... doch da fuhr der rote Blitz heraus und hinein ins Unterholz. Kurz darauf fielen zwei Schüsse! Da erschien auch der Hund und lief mir in die Arme: nichts mehr drin, genug für heute! – wollte er damit sagen.

Unten am Hang kamen wir zusammen – mit drei Füchsen gingen wir zur Strecke: ein ganz starker Rüde und zwei Fähen.

So lagen am Ende auf dem Platz: vier Füchse und 23 Hasen! Und alle Jäger fühlten sich als „König für einen Tag".

Der „Kapitale" von der Windischau

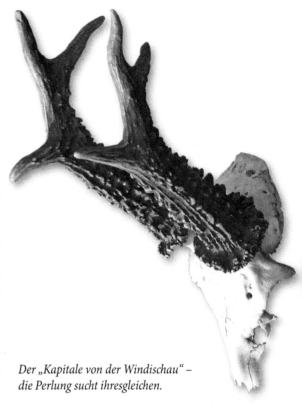

Der „Kapitale von der Windischau" –
die Perlung sucht ihresgleichen.

Der Böcke wegen fuhren Vater und ich oft mit den Fahrrädern ins Polenztal. Im Frühjahr, also im März, lernte ich die bekannten Märzenbecherwiesen kennen: eine Augenweide – die weiße Pracht auf den grünen Wiesen längs des Flusses.

Eines Tages also nun die Jagd mit Richard. Im Wiesental oberhalb des Flusses hatte wir im Frühjahr einen ſtarken Bock beſtätigt. Also beschlossen wir zur Rehbrunft im Auguſt einen gemeinsamen Ansitz mit Richard. Eines Sommernachmittags fuhren wir also vom Cunnersdorfer Gaſthof aus dorthin.

Zu damaliger Zeit war noch die so genannte „Jagdkommando-Zeit", ein Poliziſt brachte uns die Jagdgewehre – alles alte Doppelflinten im 16er Kaliber. Der Polizist kam mit einem alten F8-DKW von Sebnitz zum Gaſthof Cunnersdorf. Vater nahm die 16er Flinte Nummer 316, die er auf seiner letzten Berufsjägerſtelle im Preißhof in Porschendorf zur Hühnerjagd geführt hatte (nach dem zweiten Weltkrieg fiel sie in die Hände der Roten Armee...).

Die „Hundſtage" hielten, was sie seit Juli verſprochen hatten: schwülheißes Wetter – Anfang Auguſt die beſte Zeit für die Blattjagd. Ob der ſtarke Bock, den wir im Frühjahr hier ausgemacht hatten, sich heute wohl sehen ließe? Ich ſtellte mir diese Frage, als wäre ich mit meinen 13 Jahren schon ein erfahrener Jäger. Es war die Zeit der Hochbrunft.

Erſt mal tat sich lange Zeit nichts im Wiesengrund.... Doch dann ganz plötzlich hob eine wilde Jagd an – ein Reh raſte den Hang herauf in meine Richtung, ein zweites folgte – das war der Bock! – und schon war die wilde Jagd wieder fort!

Als die Zeit auf die frühe Abendſtunde zu ging, raschelte es drüben am Gegenhang – ein Reh flüchtete längs des Grashanges und verhöffte plötzlich ... ob es sich um den erhofften, ſtarken Bock vom Frühjahr handelte? Doch kein Schuss fiel. Es war wohl doch eine Ricke, dachte ich. Und plötzlich ſprang das Stück ab – und eine Person kam den Weg vom Polenztal herauf gelaufen – der Spaziergänger war also die Ursache der Störung! Vater ſprach den Mann an, dabei ſtellte sich heraus, wer da zu abendlicher Stunde im Polenztal unterwegs war: es war Bruno Barthel, der bekannte Mundart-Dichter der Sächsischen Schweiz. Der „Jagdſtörer" entschuldigte sich sehr höflich. Sein bekanntes Buch „Im die Baſtei rim" bekam ich 1955 als Geburtſtagsgeschenk.

Ein anderer Jäger kam hinzu, es war Artur Peschke aus Ehrenburg, er hatte nicht weit von uns angesessen... und nun entſpann sich ein Jagd-Palaver. Inzwischen war ich von der Eiche abgebaumt und stand als aufmerksamer Zuhörer bei den Männern. Als wir später im Cunnersdorfer Gasthof beisammen saßen, ging das Erzählen weiter – Jeder hatte über ein „Rehbock-Erlebnis" zu berichten. Doch heute lag nun kein Bock auf der Strecke, aber alle hatten Anblick gehabt und wollten es noch einmal versuchen, diesen „heimlichen Drückeberger" zur Strecke zu bringen. So wurde nun der nächste Jagdtermin besprochen. Vereinbart wurde ein Treffen einige Tage später wieder im Polenztal. Noch war ja Blattzeit, und wer wollte da nicht seinen Bock zur Strecke bringen? Richard brachte uns mit seinem Dreirad-Lieferauto nach Hause und wollte uns zum nächsten Jagdeinsatz wieder abholen.

Meine Mutter hatte allerdings etwas gegen diese Art von Jagdausflügen: am nächsten Morgen müsste ich doch pünktlich aus den Federn! Aber Vater argumentierte dagegen: es seien doch Schulferien! Also – ich durfte auch an diesem Tag mit dabei sein.

Nachdem jeder seine Flinte samt Munition in Empfang genommen hatte, verständigten wir uns kurz: Jeder bezieht wieder seinen alten Ansitzplatz, den er eine Woche zuvor besetzt hatte. Hochsitze gab es keine, also kam nur Bodenansitz auf dem Sitzstock hinter einem provisorischen Schirm infrage. Als wir unsere Ansitzplätze erreicht hatten, steckten wir uns einen Schirm und nahmen auf unseren Rucksäcken Platz. Als Ruhe eingekehrt war, öffnete Vater seine Jagdtasche, und wir hielten „Brotzeit"... wie es im Bayerischen heißt.

Danach klärte Vater mich auf: „Die 311 schießt mit dem rechten Lauf mit den Brennecke genau, hier nimm die Flinte auf die Knie, du kennst dich doch nun schon aus. Also: vorsichtig entsichern, rasch anbacken, die Läufe auf das Blatt des Bockes richten, über die Schiene anvisieren und den rechten Hahn durchkrümmen!" Doch noch zeigte sich kein Bock. „Blatten" wollten wir nicht, sondern lieber abwarten, ob der erwünschte Bock seine Ricke treibt, oder ob er vielleicht ganz unvermittelt allein auftauchen würde.

Beim Nachbar Artur fiel ein Schuss .... Als nach einer Weile wieder Ruhe eingekehrt war, und Ringeltauben über den Grund strichen, rührte sich drüben am Holz etwas: ... ganz vorsichtig trat ein Reh auf die Wiese und ein zweites folgte ihm. Dann kreisten sie vor uns im Grund, kamen näher und entfernten sich wieder. Schließlich tat sich die Ricke nieder und der Bock zog in Tuchfühlung auf das Reh zu. Vater hatte ihn längst als den „Alten vom Frühjahr" angesprochen, er gab mir also ein Zeichen: „Jetzt ist der Moment zum Zufassen gekommen!" Ich reagierte prompt, hob die Flinte im Anschlag Richtung Bock ... doch in diesem Moment kam er der Ricke ganz nahe und brachte sie auf die Läufe. Doch er machte keine Anstalten, sie zu treiben. Als er wieder verhoffte, spürte ich ein sachtes Anstoßen: „jetzt Funken reißen!" Diese Begriffe aus der Sprache der Jäger waren mir schon in Fleisch und Blut übergegangen.

Mit der Flinte brachte ich mich in die richtige Stellung – ich nahm mich zusammen, das Jagdfieber hatte mich schon wieder gepackt – und riss den rechten Abzug durch .... Ich sah nur noch Pulverschmauch .... Als Vater die Flinte öffnete und eine neue Brennecke nachschob, sagte er nur: „der Bock liegt ... gehen wir vorsichtig drauf zu!" Aufgeregt torkelte ich meinem Vater hinterher ... da lag der Bock ausgestreckt in der Wiese! Ganz behutsam berührte Vater das Gehörn und rief: „So eine Perlung sucht ihresgleichen! Das Alter steht ihm auf der Stirn geschrieben! Und er erklärte mir: „Die starken Rosen, die auf dem Grind förmlich aufsitzen, bestätigen den ganz alten „noch-Sechser!" Und jetzt umarmte er mich und gratulierte mir mit „Weidmannsheil! Mein Junge!"

Vom Berufsjäger zum Kollektivjäger

Zur Herbeiführung eines geordneten, einheitlichen „Jagdwesens in der DDR" wurde am 13. November 1953 das „Gesetz zur Regelung des Jagdwesens" verabschiedet. Damit ging die Jagdkommandozeit zu Ende. Gemeinsam mit seinem Freund Curt Hebold aus Pirna hatte mein Vater Vorschläge zu einem neuen Jagdgesetz erarbeitet und dem zuständigen Ministerium in Berlin zugeleitet. Daraufhin erhielt er eine Einladung zum Gespräch mit dem Staatssekretär Ackermann des Ministeriums für Landwirtschaft. Am Schluss des Gesprächs erhielt er eine Audienz beim damaligen Präsidenten der DDR, Wilhelm Pieck.

Das neue Jagdgesetz sah unter anderem die Bildung von Jagdgebieten auf Kreisebene vor. Für jedes Jagdgebiet wurde ein Jagdgebietsverantwortlicher eingesetzt. Aufgrund seiner erfolgreichen Raubwildbejagung und seiner praktischen Erfahrungen als Berufsjäger wurde mein Vater im Kreis Sebnitz als Verantwortlicher bestätigt. Das „Jagdgebiet 16" umfasste die Wald- und Feldflächen des westlichen Kreisgebietes, so auch die seiner ehemaligen Berufsjägerstelle Porschendorf, Wünschendorf, Lohmen bis Stolpen und seines letzten Pachtreviers Eschdorf bis zur Gebietsgrenze von Dresden im Schönfelder Hochland. Als Jagdgebietsverantwortlicher konnte mein Vater die so bezeichneten Jagdeinsätze nach Zeit und Ort in Abstimmung mit dem staatlich Beauftragten Jagdberechtigten planen. Ihm lagen besonders die Revierteile am Herzen, die er während seiner letzten Berufsjägerzeit betreut hatte: die Lohmener Wälder mit ihrem Umfeld, den Ortslagen von Lohmen, Wünschendorf und Porschendorf sowie sein letztes Pachtrevier Eschdorf im Grenzbereich zur Stadt Dresden. Porschendorf liegt in einer Talaue direkt an dem klei-

Vom Berufsjäger zum Jagdgebietsverantwortlichen mit Jagdteilnahmeschein.

56

nen Fluss Wesenitz, zwischen den Landschaftsschutzgebieten Sächsische Schweiz und Schönfelder Hochland. Die Wesenitz entspringt am Valtenberg in der Oberlausitz und mündet bei Pirna in die Elbe. Im Nordosten wird das Revier von einem langen bewaldeten Bergrükken begrenzt, dem 339 Meter hohen Kuhberg.

Auf dem nördlichen Teil des Berges befindet sich eine markante Felsgruppe, die als „Breiter Stein" bekannt ist. Geologisch ist dieser Platz von besonderer Bedeutung: hier hat eine Überschiebung von Sandstein und Lausitzer Granit stattgefunden.

Zu dem Jagdgebiet, das mein Vater nun als Jagdgebietsverantwortlicher zu betreuen hatte, gehörte auch der Lohmener Wald. Darunter ist der ganze zusammen hängende Waldkomplex zwischen Dobraer Gemeindeberg und Basteigebiet zu verstehen. Die Waldgebiete des Kuhberges und des Lohmener Waldes waren zunächst kurfürstlicher, dann königlicher Waldbesitz und wurde in der Zeit vom 16. Jahrhundert an vermessen und mit Grenzsteinen markiert. Zu den ersten „Amtshandlungen" meines Vaters gehörten Revierbegehungen, um sich die jetzigen jagdlichen Grenzen einzuprägen. An solchen Revierbegehungen durfte auch ich teilnehmen. So besuchten wir einmal sein letztes Berufsjägerdomizil, den „Preißhof" in Porschendorf. Baumeister Max Preiß aus Dresden hatte die Reviere Porschendorf und Wünschendorf gepachtet und am Ortsrand von Porschendorf ein Jagdhaus gebaut. Dort wohnte er, wenn er von Dresden zur Jagd kam. Gleichzeitig hatte dort sein angestellter Berufsjäger seine Dienstwohnung. Auch die Jagdgäste des Jagdherrn wohnten dort.

Die alten Forstgrenzsteine

Vorbei am Bahnwärterhäuschen über die Bahngleise der Bahnstrecke Pirna–Sebnitz ging die Besichtigung hinauf zum Kuhberg.

Die alten königlichen Forstgrenzsteine sind zum Teil noch vorhanden.

Der Überlieferung nach sollen im Dreißigjährigen Krieg die Bauern des Ortes ihr Vieh dorthin getrieben haben, um es vor marodierenden Horden zu schützen. Im Gemeindewald vor der großen Wiese machte mein Vater mich auf alte „Grenzsteine" aufmerksam. Diese gehen zurück auf die Zeit, als die Wälder des Kuhberges gemeinsam mit dem sich anschließenden Lohmener Wald in kurfürstlicher Zeit vermessen und mit solchen „Grenzsteinen" versehen wurden. Sie sind noch vielfach zu entdecken und bezeichnen den „alten Grenzverlauf". Mit Einmeißelung der Kur-Schwerter oder der sächsischen Krone sind diese Grenzsteine auch am Waldrand oder auch mitten im Wald zu finden, wo ihre Reihung eine dem heutigen Betrachter nicht mehr erkennbare Grenze vermuten lässt.

Wer weiß denn heute noch, daß mehrere dieser steinernen Grenzposten zu verschiedenen Zeiten als Markierung des kurfürstlichen, später königlichen Waldbesitzes gesetzt wurden?

König AUGUST DER STARKE ließ den
„Steinernen Tisch" für ein Jagdessen nach einer
Grenzfeststellung errichten.

Beim genauen Hinsehen erkennt man auch die im Laufe der Zeit verflachten Gräben oder kaum wahrnehmbare Erdaufschüttungen, was den alten Grenzverlauf verfolgt und zusammen mit den Steinen auf den einstigen Grenzverlauf verweist. Die Geschichte der „Grenzsteine" ist eng verknüpft mit der Erschließung und Verwaltung des kurfürstlichen Waldbesitzes. Die sogenannten „Amtswälder" bildeten das durch die „Ämter" verwaltete kurfürstliche Waldeigentum. Hinzu kamen die „frey gemein hölzer" der einzelnen Dörfer. Sie gehörten zwar auch den Landesherren, waren aber den Gemeinden zur freien Nutzung überlassen. Die Entnahme von Bau- und Brennholz war frei. Für das zum Verkauf geschlagene Holz musste der „halbe Waldzins" entrichtet werden. Die Grenzziehung erfolgte im 15. und 16. Jahrhundert. In dieser Zeit wurden durch die Meißner Markgrafen und Kurfürsten große Gebiete der Sächsische Schweiz aus böhmischen Besitz erworben und auf diese Weise Erweiterungen der landesherrlichen Waldungen in diesem Teil des Landes geschaffen. Die Nutzungsrechte der Dorfbewohner am Wald,

als „Waldgerechtsame" bezeichnet, blieben bis ins 19. Jahrhundert erhalten. Die Amtswälder und größtenteils auch die Gemeindehölzer bildeten die „Wildbahn", das heißt das Jagdgebiet des Kurfürsten.

Ein „jagdgeschichtliches Denkmal" in der Vorderen Sächsischen Schweiz, der „Steinerne Tisch", spielte im Zusammenhang mit den Forstgrenzsteinen eine besondere Rolle.

Etwa zweihundert Jahre vor dem „beginnenden Fremdenverkehr auf der Bastei" in der Sächsischen Schweiz ließ AUGUST DER STARKE im Jahre 1710 an einer markanten Wegkreuzung zum Abschluss einer Grenzfeststellung im Kurfürstlichen Lohmener Wald einen „Steinernen Tisch" für ein Jagdessen errichten. Auch noch bei späteren Jagden hat AUGUST DER STARKE hierher seine Jagdgesellschaft zum Jagdfrühstück geladen.

Ursprünglich stand der „Steinerne Tisch" am Rande eines „Räumichts", einer Waldrodung, die schon 1558 als „Wehlwiese" erwähnt wird. Auch heute noch ist dieser „Steinerne Tisch" als ein forst- und jagdgeschichtliches Denkmal und als Rastplatz vorhanden. Ein „Beilfund" aus diesem Gelände lässt sogar vermuten, dass es sich hier möglicherweise sogar um eine bronzezeitliche Rodungsinsel xhandelt. Der Wald auf der Basteihochfläche wurde im 19. Jahrhundert mit Fichten und Kiefern aufgeforstet. Die zwischen Amselgrund und Elbtal riedelartig gelegene Basteihochfläche trägt heute aber größtenteils standortwidrige Nadelwälder. Von Natur aus sind auf der mit Lößlehm bedeckten Hochfläche eigentlich Laubmischwälder – also natürliche Waldgesellschaften – zu erwarten.

Nach dieser kulturgeschichtlichen „Einlage" wenden wir uns nun wieder der Gegenwart zu. Wir haben den Gemeindewald verlassen und stehen auf der Großen Wiese. Längs der Waldränder suchen wir nach Hinterlassenschaften der Rehböcke, sprich Fege- und Plätzstellen. Und wir fanden sie – und zwar unterschiedlich nach Stärke und Alter. Natürlich interessieren uns die frischen Stellen, denn ihre Häufigkeit deutet auf das ständige Hin- und Herwechseln der Böcke mit den Ricken und Schmalrehen. Als wir von der umrundeten Wiese hinaus ins Feld spazieren, empfängt uns die Sächsische Schweiz mit einem bezaubernden Blick auf ihre Bergwelt. Zu dem zu betreuenden Jagdgebiet meines Vaters gehörte auch der „Lohmener Wald". Unter dieser Bezeichnung wird der ganze zusammenhängende Waldkomplex zwischen dem Dobraer Gemeindeberg und dem Basteigebiet verstanden. Der Lohmener Wald war anfangs kursächsischer, später königlicher Waldbesitz. Auch er wurde vermessen und mit Grenzsteinen versehen.

Am sogenannten „Schneebergblick" auf der Dobraer Bergseite machten wir nun Halt, bei klarer Sicht öffnet sich hier ein grandioser Blick auf den langgestreckten Tafelberg, den „Hohen Schneeberg" in der Böhmischen Schweiz. Das Waldgebiet um diesen Berg hat eine besondere jagdliche Bedeutung erlangt. Der Wald war mit Fichte, Kiefer und Buche bestockt. Althölzer wechselten mit Kulturen und Beständen im Stangenholzalter ab. Grünäsung war dem hohen Wildbestand entsprechend relativ karg. Das Gewicht des Wildbrets der Stücke und der Trophäen war gering. Im Schneeberger Gatterrevier fanden die „Vogt'schen Versuche zu Rot- und Rehwild" statt. Die Erklärungen meines Vaters, der das Revier genau kannte, waren folgendermaßen: Franz Vogt, 1906–1940, hatte aus dem 12 000 ha großen, geschlossenen, privaten Waldbesitz einige Reviere von rd. 3000 ha gepachtet. Sie bildeten das „Versuchsgatter Schneeberg". Zum Zweck der Erforschung der Ernährungsbiologie des Rot- und Rehwildes richtete er es in den Jahren 1927/28 ein. Das Ziel der Vogtschen Versuche war, den Ursachen des Rückgangs der Körper- und Geweihstärke nachzugehen und auf wissenschaftlicher Grundlage Futtermittel zu finden, die geeignet erschienen, die durch einseitige Kulturmethoden unzureichend gewordene Äsung auf ihren früheren Nährstoffgehalt zu ergänzen und damit eine ernährungsbiologische Regeneration des Rot- und Rehwildes zu erreichen. Im Laufe des fast 20-jährigen Bestehens dieses Gatters sollten nun Möglichkeiten gefunden werden, trotz pfleglicher Bewirtschaftung der Wälder und ohne Schädigung der Landwirtschaft einen kräftigen und gesunden Wildbestand heran zu hegen und zu erhalten. Angestrebt wird eine notwendige Ergänzung von Nähr- und Wirkstoffen, die in unserer Kulturlandschaft nicht mehr in ausreichender Menge vorhanden sind. Andernfalls muss das Wild unweigerlich – an unseren wirtschaftlichen Bedürfnissen gemessen – Schaden anrichten. Die Verbesserung der Äsung stand also im Vordergrund. Zur Zeit der Einrichtung befand sich im Gatter ausschließlich bodenständiges Rot- und Rehwild. Leider wurde zum Kriegsende das Gatter zerstört und seine Einrichtungen sowie die Restbestände des Wildes vernichtet.

Kuhbergböcke

Das Schneeberger Gatterrevier eingerichtet für die „Vogt'schen Fütterungsversuche" an Reh- und Rotwild.

....

Im Lohmener Gut war Treffpunkt der Jäger, die Vater zum Abendansitz auf den Bock zur Blattzeit im Kuhberggebiet Porschendorf eingeladen hatte. Von Sebnitz kam der Volkspolizist mit einem klapprigen Pkw Typ-8 und brachte unverpackt zwischen Vorder- und Rücksitz übereinander liegend die Jagdgewehre – alles 16er Doppelflinten. In der Porschendorfer Gemeindejagd war Vater bis 1938 als Berufsjäger mit der Jagdaufsicht betraut.

Vater kannte die Revierverhältnisse sehr genau. Infolge vieler Reviergänge im Frühjahr hatten wir die Einstände der Böcke herausgefunden und bei mehrmaligen Ansitzen auch bestätigt. Als Abschussböcke galten für Vater junge Böcke ohne Zukunft nach Gehörn und körperlicher Verfassung beurteilt oder alte Böcke. Junge Böcke mit kräftigen Stangen sollten dem Bestand erhalten bleiben und alt werden. Für mich gilt dieser Grundsatz noch heute.

Die Brunft war bereits voll im Gange, was die vielen Plätzstellen und zerfegten Sträucher be-

stätigten. Ein Julitag kam – angenehm warm und blauer Himmel – ein Ansitzabend, wie man ihn sich wünscht.

Oben am Kuhberg, an der Großen Wiese bei der Dickung hatte Vater seinen Platz, dort schlug er seinen Sattelsock auf. Ich sollte ihm gegenüber in der kleinen Birkengruppe Platz nehmen und beobachten, ob der alte Schwarze sich blicken ließe. Die drei anderen Jäger saßen auf der anderen Seite des Bergrückens, am Dobraer Feld. Nachdem ich in der kleinen Birkengruppe meinen Platz sitzgerecht gemacht hatte und gebannt in Vaters Richtung schaute, hörte ich, wie vor mir Rehe heran flüchteten – Bock und Ricke. Sie hielten genau auf mich zu und standen plötzlich hinter mir in der Birkengruppe völlig frei für mich…. Das Gehörn des Bockes hoch über die Lauscher – ganz hell strahlten die Stangen und sehr lang die Vorder- und die

Rücksprossen. Nach meiner Einschätzung also: jung an Jahren – denn ich glaubte bereits etwas über das Alter von Böcken zu wissen – nach so vielen Unterweisungen durch Vater bei vielen Ansitzen mit viel Anblick. Lange hielten es Bock und Ricke hinter mir aber nicht aus, sie sprangen ins Holz ab, um aber bald darauf wieder auftauchen. Eilig hasteten sie in die Wiese und trieben sich hin und her, bis sie auf der Seite zum Breiten Stein ins Holz flüchteten.

Aus dem Holz am Weg zum Breiten Stein trat indes ein anderes Reh ins Freie und zog ein Stück auf die Wiese, gefolgt von einem Bock mit dunklen, lauscherhohen Stangen. Nachdem sich die beiden eine Weile hin und her getrieben hatten, verschwanden sie wieder im Holz. Und gleich darauf fiel ein Schuss, Vater hatte Dampf gemacht. Nach einigen Augenblicken kam er mir soweit entgegen, dass ich ihn sehen konnte, und er winkte mir. Als wir uns trafen, erklärte er mir: Ein Bock sei aus der Dickung getreten und ein Stück auf die Wiese gezogen, das kaum vereckte

lauscherhohe dunkle Gehörn nur kurz vereckt – also abschusswürdig. Als der Bock sich streckte und hoch reckte, habe er geschossen, daraufhin habe der Bock mit einem Ruck kehrt gemacht und sei in die Dickung geflüchtet, Vater war sich sicher, gut abgekommen zu sein. Am Anschuss fanden wir dann die Bestätigung: Herzschweiß bis an den Dickungsrand.... „Er kann nicht weit gegangen sein. Geh mal ein paar Schritte...!"
Ich zwängte mich durch die Äste und sah Schweiß, und nach wenigen Metern stand ich vor dem verendeten Bock. „Fasse ihn an den Vorderläufen und ziehe ihn heraus!" rief Vater mir zu. Ich legte den Bock am Dickungsrand ab, steckte den letzten Bissen in den Äser und überreichte Vater mit „Weidmannsheil!" den Schützenbruch.

Jetzt begann das Begutachten: Sauberer Blattschuss, die Brenneke durch den Wildkörper geschlagen – kein Wunder: auf die kurze Ent-

Der „Geringe Sechser" von der Großen Kuhbergwiese.

fernung. Gut lauscherhoch das braungefärbte schwach geperlte Gehörn. Die Vordersprosse der linken Sechserstange nur noch kurz angedeutet, da im Wachstum abgebrochen und nur noch ein Stumpen. Dafür die rechte Stange mit gut ausgebildeter Vordersprosse. Die kurze Rücksprosse durch Anstoßen im Wachstum etwas verkürzt aber wieder glatt verwachsen. Die kranzförmigen Rosen sind um die Stangen geperlt. Die linke Rose ist bereits dachförmig – etwa vierjährig, schätzte Vater ihn, was der Unterkiefer nach dem Abkochen bestätigte. Ein Abschussbock wie er im Buche steht! Rasch hatte Vater ihn aufgebrochen – es war wieder eine excellente Lehrstunde! Und zum Ausschweißen hängten wir ihn an einen Aststummel…. Nun erst kam mein Bericht an die Reihe.

Beim nächsten Jagdeinsatz setzten wir uns am Weg zum Breiten Stein an. Die beiden anderen Jäger hatten über dem Bergrücken am Dobraer Feld angesessen und nur Hasenanblick gehabt. Ich fieberte schon dem nächsten Ansitz entgegen. Die folgende Woche, die erste im August, war richtiges Hundstagswetter, schwülheiß und Gewitterstimmung.

Als wir nach Lohmen zum Gewehrabholen radelten war das Wetter erträglicher geworden, nach mehreren Gewittern hatte es sich abgeregnet. Vom Bahnwärterhäuschen ging es hinauf zur Großen Wiese und den Weg, der sie teilt, bis zum Waldbeginn. Gleich am Weg, ein paar Schritte oberhalb mit Blick auf das Wiesenstück nach unten zum Holz, von wo aus der Bock zu erwarten war, setzten wir uns hinter einem provisorisch gesteckten Schirm und lehnten uns an eine Fichte. Und kaum, daß wir unseren Platz eingenommen hatten, die Ruhe uns überkam, trat am unteren Wiesenzipfel ein Reh heraus. Ich erkannte sogleich: es war das dunkle von voriger Woche – ganz sicher. Vater bestätigte: es ist ein Bock mit dunklen Stangen. Wir lie-

ßen ihn näher kommen. Langsam äste er sich in unsere Nähe. Da gab mir Vater die Flinte in die Hände: „… bring ihn zur Strecke, wenn er ganz in unserer Nähe ist. Während meiner Berufsjägerzeit am Preißhof habe ich selbst hier so manchen Bock zur Strecke gebracht!" Ich fieberte ein wenig, doch angesichts dieses jagdlichen Ereignisses wurde ich ruhiger. Ich schob die 16er Flinte an einem Ast vorbei an den Baum links neben mir, zog den Schaft an die Schulter und ditigierte die Läufe in Richtung Bock. Als ich mir sicher war, den Bock gut gefasst zu haben zog ich den rechten Züngel durch – und sah den Bock stürzen. „Durchs Feuer sehen…!" heißt das in der Jägersprache, und die beherrschte ich schon recht gut. Vater nahm mir nun die Flinte ab und schob in den rechten Lauf eine neue Brenneke. Doch das wäre nicht mehr erforderlich gewesen, denn der Bock schlegelte nur kurz und lag dann ausgestreckt bewegungslos….

Das Jagdfieber schüttelte mich mit einem Mal am ganzen Körper durch. Offiziell durfte ich noch keine Flinte führen, geschweige denn einen Bock zur Strecke bringen… und jetzt stand ich vor dem von mir erlegten Kuhbergbock! Vater umarmte mich, übereichte mir den Schützenbruch und wünschte mir für mein baldiges, richtiges Jägerleben ein kräftiges „Weidmannsheil"! Nun nahmen wir den Bock erst einmal richtig „unter die Lupe" und sahen uns den Sitz der Brenneke an. Der Bleistumpf hatte den Wildkörper kurz hintern Blatt glatt durchschlagen, „… was auf die kurze Schussentfernung zu erwarten gewesen war" – fügte Vater hinzu.

Wir betasteten ein gut lauscherhohes, dunkelbraunes Sechsergehörn. Die Innenseiten der Stangen geperlt, die schnurförmigen Rosen schienen auf dem Schädel aufzusitzen. „Also ein alter Bock von mindestens sechs Jahren" sagte Vater. Ganz selbstverständlich steckte ich dem Bock den letzten Bissen in den Äser. Und auch das Aufbrechen ging mir sauber von der Hand. Dann zogen wir den Bock aus der Wiese zum Weg und suchten nach einem passenden Aststummel, hängten ihn daran auf und spreizten die Keulen, damit er gut ausschweißen konnte. Nach dem Abkochen des Gehörns bestätigte sich das Alter am Abschliff der Molaren des Unterkiefers – ein acht bis neunjähriger, braunstangiger „Noch-Sechser".

Der Kuhbergbock erhielt nicht nur einen Ehrenplatz an der Wand. Immer blieb er mir besonders deshalb im Gedächtnis, da er aus dem Revier stammte, das mein Vater bis 1938 als Berufsjäger betreute. Und ich war schon als Schuljunge voll in seine „jägerischen Fußstapfen" getreten. An den Jungjägerschulungen zur Vorbereitung der Jagdeignungsprüfung, die zumeist in unserem Haus stattfanden, war ich ja noch im Grundschulalter zumeist dabei.

Außer dem alten Porschendorfer Revier galten unsere Jagdgebiets-Grenzbegehungen auch dem Wünschendorfer Revier. Zuerst machte mich Vater mit dem westlich von Wünschendorf gelegenen Doberberg gegenüber dem Kuhberg bekannt. Auf der waldfreien Kuppe des aus Sandstein aufgebauten 294 Meter hohen Doberberges befindet sich ein Kriegerdenkmal. Es wurde 1933 unter der Leitung des Dresdner Baumeisters Max Preiß als Ehrenmal in Form eines Steinblockes mit Holzkreuz errichtet.

Der westliche Teil des Jagdgebietes 16 umfasste die Wald- und Feldgebiete von Vaters letztem Pachtrevier, u.a. das Waldgebiet die Harthe und den Dittersbacher Wald bis zum Polenztal bei Hohnstein. Ihm oblag es, Jagdtermine vorzuschlagen und organisatorisch vorzubereiten, an denen mit den zugewiesenen Jägern Ansitzjagden auf Reh- und Rotwild und herbst- und winterliche Treibjagden durchzuführen seien. Eine offene Kanzel fand an der großen Dickung am breiten Wiesengestell ihren Platz. Für das Waldgebiet die „Harthe" in der

Gemarkung Eschdorf beantragte er mehrere Jagdtermine von Juni bis August. Alle vorgeschlagenen Jagdtermine und die, die als Ersatz infrage kamen, wurden ausnahmslos bestätigt. Die Ansitzplätze wählte er nach vorausgegangenen Reviergängen aus, und mit zukünftigen Jägern baute er an aussichtsreichen Stellen die entsprechenden Ansitzeinrichtungen auf.

Im Jahr 1954 wurde die Jagdeignungsprüfung eingeführt. Sowohl junge als auch schon betagte Anwärter mußten an Schulungen zur Vorbereitung auf die Jagdeignungsprüfung teilnehmen. Meinem Vater oblagen in seinem Jagdgebietsbereich diese Schulungen, er übernahm sie gerne. Das Notizheft mit den Teilnehmern nach Ort und Zeit habe ich noch

Der „Schwarze vom Breiten Stein".

63

heute in meiner Verwahrung. Da der theoretische Unterricht zumeist abends in unserem Hause stattfand, war ich so oft wie möglich dabei.

An den Wochenenden ging es mit den Jungjäger-Anwärtern zum Bau von Leitern und Kanzeln ins Revier. An den Lommatscher Birken oberhalb des Kalten Baches – wir hatten im Frühjahr dort viele Plätz- und Fegestellen gefunden – wurde eine bequeme Leiter aufgebaut. An der Buschwiese wollte Vater keinen Sitz haben, dort genügten Schirme in der Nähe der Wechsel, die durch den Einstand auf die Wiese führten.

Bei einem Reviergang im Frühjahr 1957 fanden wir an den Wechseln zu den Lommatscher Birken mehrere starke, frische Plätzstellen mit stark zerschunden Sträuchern. Und als wir die Stellen begutachteten, trat auf der Schmalseite zum Eschdorfer Feld hin ein Reh auf die Wiese, das Vater sofort ins Glas nahm. Es entpuppte sich als starker Bock mit gebogenem Gehörn, ein echter Widderbock. Zur Ursache für die Entstehung des eigenartigen Widdergehörns erklärte mir mein Vater folgendes: Wenn während des Gehörnwachstums Stoffwechselstörungen auftreten, kommt es zu unzureichender Verkalkung und Verknöcherung des Bastgehörns, was die Ausbildung von sogenannten „Widdergehörnen" zur Folge hat. Als wir dann im Mai und Juni ohne Gewehr an der Buschwiese ansaßen, zeigten sich mehrere Böcke, ein älterer Sechser war auch dabei, doch nicht der mit dem Widdergehörn. Auch beim ersten Ansitz mit der Flinte, blieb der Bock unsichtbar. Und so hofften wir auf den nächsten Jagdeinsatz zur Brunftzeit.

Der „Widderbock von Pfitzners Buschwiese"

Am 4. August war es dann so weit. Mit zwei Jägerprüfungsanwärtern setzten wir uns zu viert an Pfitzners Buschwiese hinter den Tags zuvor gesteckten Schirm. Das Gras auf der Wiese stand kniehoch. So um die zwei Stunden mochten wir gesessen haben, da trat uns gegenüber am

Der „Widderbock" von Pfitzners Buschwiese –
ein Widdergehörn, wie es im Buche steht!

Waldrand ein Reh auf die Wiese – eine Ricke. Plötzlich bemerkte ich Unruhe bei meinem Vater: er hatte hinter sich im Holz Bewegungen vernommen. Schon nahm er die Flinte halb in Anschlag... da huschte ein zweites Reh auf die Wiese. Vater erkannte sofort den Widderbock. So um die 20 Schritte zog der Bock auf die Wiese, als er kurz verhoffte und breit stand – Knall und Fall! Kein Fortflüchten des Bockes... kein Laut mehr.

Die beiden Jagdeleven drängten auf die Wiese, doch ihr „Lehrprinz" hielt sie noch zurück. Nach kurzer Wartezeit stand Vater dann auf und ging als Erster – die Flinte schussbereit im Arm auf die Stelle zu, wo der Bock liegen musste. Und da stand er ganz still, dann winkte uns heran: Ins hohe Gras hineingeschoben hatte sich der Bock. Zuerst ein Zufassen am Gehörn: „Ein ganz altes Semester..." so mein Vater „liegt vor uns. Ein „angedeuteter" Gabler mit schwarzen, nach aussen gedrehten, rissigen Stangen. Ein Widdergehörn „wie es im Buche steht" mit schnurförmigen Dachrosen". Wir zogen nun den Bock etwas abseits von unserem Ansitzplatz.

Für die zukünftigen Jungjäger kam nun die Lehrunterweisung: Versorgen des Bockes, aufbrechen und aufhängen an einen Aststummel zum Ausschweißen. – Nach dem Abkochen von Gehörn und Unterkiefer das geschätte Alter: ca. sieben... acht Jahre! Die Stangen von ersten Drittel an nach außen gebogen, und nur am hintern Teil der Stangen Perlenansätze.

Der „Alte von den Lommatscher Birken"

Die neue Leiter an den Lommatscher Birken, dem Waldstück der Eschdorfer Bauern, welches das Waldgebiet – die Harthe – zum Feld hin begrenzt, wurde unser beliebter Ansitzort auf den Bock, wenn das Feld mit Futter bestellt war. Die Leiter hatte Vater mit zwei Jungjägeranwärtern so gebaut, dass zwei Jäger bequem

Der „Alte von den Lommatscher Birken" – mein verspäteter „Geburtstagsbock"! – oberhalb des „Kalten Baches" erlegt.

darauf sitzen konnten. Oft saß ich mit meinem Vater dort schon im Frühjahr an, um die „Häupter der Lieben" in Augenschein zu nehmen. Neben Ricken und jungen Böcken trat ganz in der Nähe dieser Leiter ein Bock auf die junge Äsung, wir hatten ihn schon auf der in der Nachbarschft gelegenen Buschwiese im Auge. Am 15. Juni 1955 saßen wir dort wieder an, diesmal mit Flinte. Nach kurzer Wartezeit zeigte sich der Gesuchte am Waldrand, trat aber sofort wieder ins Holz zurück. Nach kurzer Pause kam ein Reh in voller Flucht auf die Äsung und hinterdrein der Bock, der Stolze. Er trieb das Reh, einen guten Jährling, weit hinaus in den Schlag.

Die Lommatscher Birken –
Wiederkommen heißt erneut ankommen.

Das stolze Rauhbein kam in langsamen Fluchten zurück und verschwand ein Stück neben unserer Leiter im Holz. Natürlich hofften wir, er würde bald wieder auftauchen.

Und so kam es dann auch. Rechtzeitig hatte Vater mir die 16er Flinte in die Hände gedrückt: „schieß du, sobald er ins Freie tritt und schussgerecht steht!" Mein Herz machte große Hüpfer ... wenn das mal gut geht! Da trat der Bock ganz vorsichtig am Waldsaum heraus und äugte verhoffend sein Umfeld ab. Er nahm nichts Verdächtiges wahr. Unterdessen war der Jährling weiter hinaus ins Feld geflüchtet. Nun brachte ich mich in Schussposition. Die Flinte drückte ich an den linken Leiterholm und suchte über die Schiene den Zielpunkt. Als die Aufmerksamkeit des Bockes nachließ, fasste ich kurz hinters Blatt – im Schuss raste der Bock zurück ins Holz. Dann ängstliche Ruhe und angesagte Wartezeit. Kein hörbares Fortflüchten, kein Äste anstreichen. Endlich kam das Signal zum Abbaumen.

Die erste Frage: „Hast du dir genau eingeprägt, wo der Bock bei Schussabgabe stand?" Darauf meine Antwort: „Na so ungefähr ..." Nun ging Vater voraus und fand auch sogleich den

Anschuss mit einigen Schweißtropfen. Und weitere rote Punkte in der erkennbaren Fluchtfährte und dann mehr Schweiß. Vater ging weiter ... die schussbereite Flinte im Arm bog er die derben Äste auseinander. Das war aber nicht mehr notwendig. Keine fünf Schritte vor uns lag ausgestreckt der Bock .... Da hob Vater den Kopf aus dem Gesträuch und sagte: „Es ist der Bock mit der braunen Sechserkrone!"

Nachdem wir das Gehörn ausgiebig gewürdigt hatten, brachte ich ihn zum Hochsitz. Dort erhielt er von mir den „Letzten Bissen" in den Äser gesteckt. Mit einem kräftigen „Weidmannsheil!" gratulierte mir mein Vater und überreichte mir den „Schützenbruch" für „meinen Bock aus seiner geliebten Harthe".

Diesen Bruch habe ich mir so lange aufbewahrt, bis die Blätter völlig vertrocknet waren. Den braunstangigen, bereits etwas zurückgesetzten Sechser mit guter Perlung schätzte Vater auf sechs- bis siebenjährig. Das Vorbereiten von Trophäe und Unterkiefer zum Abkochen fand als Schulung vor zukünftigen Jungjägern statt.

Der „Außergewöhnliche vom Pfarrbusch"

Der „Pfarrbusch" ist ein Waldstück vor der „Judenleite". Am Ortseingang von Wilschdorf beginnt das schmale Waldstück, eine Hanglage durchzogen von einem Wiesental mit Bachlauf. Oberhalb der Hanglagen beiderseits liegen Feldfluren. Ein Weg führt vom ehemaligen Haltepunkt der Bahnstrecke Pirna – Dürrröhrsdorf – Arnsdorf abwärts zu „Geipels Mühle" an der Wesenitz. Kurz hinter dem Haltepunkt der Bahn am Hang im hohen Holz findet sich Himbeerunterwuchs. Dorthin und weiter zur Wesenitz spazierte ich oft nach der Schule. Eines Tages, als ich das Himbeergesträuch durchstreifte, sprang ein Bock auf mit einem für meine Begriffe gewaltigen Gehörn. Unten im Wiesengrund verlangsamte er das Fortflüchten und zog nun den Gegenhang hinauf in die jungen Kiefern. Das sich anschließende Feld, eine Kleebrache, war wohl sein Äsungsplatz, und sicher war das auch sein Brunftgebiet. Ich suchte am Rand des Feldes nach Zeichen des Bockes und entdeckte ganz große, frische Plätzstellen und befegtes Strauchwerk. Da die Schulferien begonnen hatten, konnte ich nach Zwiesprache mit meinem Vater dort einen Probeansitz machen. Ich suchte mir einen Ansitzplatz zwischen Wald- und Feldkante aus, von dem ich den Kleeschlag voll im Blick hatte. Noch am gleichen Abend genoss ich auf meinem Sitzstockansitzplatz den abendlichen Sommertag. Und bald stand ganz unvermittelt ein Reh spitz zu mir auf keine zehn Schritt im Klee. Und schräg dahinter ein zweites: der Bock. Und was für einer! Mit einem „Teufels"-Gehörn: langen, eng gestellten Stangen. Doch er ließ mir nicht viel Zeit zum längeren Ansprechen. Seine Aufmerksamkeit galt der neben ihm stehenden Ricke. Und nun ging das Treiben durch den Klee los und wieder zurück in meine Nähe. Und

kehrt, und weiter hinaus auf den Kleeschlag, der zur Hälfte schon gemäht war. Dort ging das Spiel noch immer weiter.

Bei schwindendem Büchsenlicht trieb es das Paar wieder in meiner Nähe. Bis die Ricke plötzlich in Richtung Kieferndickung am Hang absprang, und der Bock folgte ihr auf den Fersen. Weiter ging das Liebesspiel, der Bock trieb die Ricke zurück und wieder auf das Feld hinaus. Und ich machte mich nun auf den Heimweg – immer das Schauspiel der beiden Rehe vor

Der „Außergewöhnliche vom Pfarrbusch" – zum Abschluss der 8. Klasse.

Augen. Der Mordsbock ging mir nicht aus dem Kopf. Zu Hause erzählte ich alles haarklein. Schon hatte Vater seinen Plan entworfen: „Morgen Abend sitzen wir dort an. Ich hole die Flinte vom Waffenstützpunkt, der mittlerweile von der Parteischule der Demokratischen Bauernpartei Deutschlands von Heeselicht nach Wilschdorf-Ausbau verlegt worden war. Einem Waldarbeiter der dort wohnte, hatte man die Funktion des Jagdleiters für das Jagdgebiet 16 übertragen, und damit wurde er auch Leiter des Waffenstützpunktes.

Am späten Nachmittag wollten wir uns für den Abendansitz auf den „Mordsbock" am Dittersbacher Haltepunkt der Bahnstrecke Pirna-Arnsdorf treffen. Von dort aus den Weg Richtung Wesenitz laufen und am Ende des Wiesentals vor Geipels Mühle oberhalb der Hangseite zum Kleeschlag hochlaufen und in meinem Schirm auf unseren Sitzstöcken Platz nehmen. Lange vor der verabredeten Zeit war ich am Bahnwärterhäuschen. Da kam Vater angeradelt mit der Flinte auf dem Rücken. Ein Futteral war im Waffenstützpunkt nicht vorhanden.

Im Spazierschritt ging es nun zu dem von mir ausgewählten und vorbereiteten Ansitzplatz. Wir klappten unsere Sitzstöcke auf und steckten den Schirm etwas dichter. Als die blaue Stunde begann mit dem angenehmen frühen Abendlicht, tat sich etwas auf dem Rotkleefeld. Die Ricke kam aus dem Klee hoch und fing an zu äsen... und das brachte den Bock auf die Läufe. Jetzt konnte ihn Vater in Ruhe ansprechen. Er bestätigte meinen gestrigen Bericht.

Das Treiben musste nun gleich beginnen. Da drückte mir Vater die Flinte in die Hände. „Es soll dein Bock sein zum Abschluss der achten Klasse!" Ich zögerte zuerst, dann griff ich vorsichtig aber fest zu, schob die Sicherung auf dem Kolbenhals vor und schob die Läufe durch die Äste. Nicht mehr als 15 Schritt stand der Bock

schräg neben der Ricke. „Gleich wird das Treiben beginnen," schoss es mir durch den Kopf, dann heißt es erst mal abwarten. Als der Bock einen Schritt zur Seite der Ricke trat, als ob er sie zum Liebesreigen auffordern wollte, faßte ich zu, rückte die Flinte kurz hinters Blatt und riss den Züngel durch... und fort war der Bock, doch wohin die Flucht ging, hatte ich in der Aufregung nicht wahrgenommen. Aber mein Vater sagte: „... der Bock ist auf den Schuss hin Richtung Waldhang geflüchtet! Warten wir etwas und gehen dann zum Anschuss."

Endlich kam sein Wink. Der Anschuss war leicht zu finden, die Fluchtfährte durch den Klee war deutlich markiert. Dort fanden sich auf dem darüber gezogenen Taschentuch ein paar Schweißspritzer – also getroffen! Am Waldrand dann weitere Tropfen... wohl doch kein guter Sitz der Brenneke – oder? Wir gingen ein paar Schritte in den Hang, dort weder Schweiß noch Bock. Also schlecht abgekommen, den Schuss verrissen! Da hatte ich ganz unvermittelt ein Geschenk bekommen und es beim Zufassen „verpudelt!...

Also den Rauhaarteckel holen und beim letzten Licht nachsuchen. Vielleicht ist der Bock den Hang hinunter und über die Wiese zum Bach geflüchtet. Und ehe mein Vater noch Worte fand, war ich auf und davon, den Hang hinunter zum Wiesenrand. Und da entdeckte ich plötzlich den ausgestreckten Bock an einem Strauch liegend. Auf meinen kurzen Zuruf kam Vater den Hang herunter mehr gerutscht als vorsichtig Schritt für Schritt.

Als er nun neben mir stand, legte er die Flinte zur Seite, hob den Kopf des Bockes und war voll Erstaunen und Freude: Ein kapitaler Sechser mit braunen, auf der Hinterseite geperlten Stangen – auffallend lang die Vordersprosse der rechten Stange. Die anderen Sechserenden waren schon deutlich zurückgesetzt. Da bekam der Bock von mir den „Letzten Bissen" in den Äser. Nun überreichte Vater mir mit „Weidmannsheil!" den Schützenbruch, nahm mich in seine Arme und sprach: „Ich wünsche dir in deinem zukünftigen richtigen Jägerleben Bockerlebnisse von diesem Stil!"

Nach dem Aufbrechen, das mir mit Vaters altem Jagdmesser gut von der Hand ging, und nachfolgender, kurzer Ausschweißzeit kam der Bock verschränkt auf den alten, so oft schon benutzten Rucksack.

Ich wollte und musste ihn nun auch nach Hause tragen, während Vater die Flinte zum Waffenstützpunkt brachte. Als sie dort ihren Platz gefunden hatte und wir gemeinsam wieder im Wohnzimmer saßen, fabulierten wir ausführlich über das soeben stattgefundene Jagdereignis: Mit gerade mal 14 Jahren hatte ich einen ganz kapitalen Bock zur Strecke gebracht, und ich hatte ihn auch selbst bestätigt.

Der brave Bock brachte 22 kg auf die Waage. Nach dem Abkochen von Gehörn und Unterkiefer war ein Alter von acht bis zehn Jahren anzusetzen. Die starken Rosenstöcke, die mit den Rosen förmlich verwachsen schienen wurden bewundert. Meiner Mutter – sie selbst zwar keine Jägerin doch „jagdlich im Bilde", musste ich das eben erlebte jagdliche Ereignis haarklein in allen Einzelheiten erzählen.

Das „Rauhbein" von den Pfaffenteich-Wiesen

Der „Alte von den Pfaffenteich-Wiesen" ist mir in mehrerlei Hinsicht bis heute fest im Gedächtnis. Während einer herbstlichen kleinen Stöberjagd, die Vater als damaliger Jagdgebietsverantwortlicher angesetzt hatte, machten wir am Pfaffenteich Mittag aus dem Rucksack. Da flüsterte der Pirnaer Hundeführer, Curt Hebold, meinem Vater zu, er habe seine Flinte beim letzten Treiben an einem Baum abgestellt, um sich mit seinen Hunden zu beschäftigen. Kein Problem sagte Vater und schickte mich dorthin mit den Worten: „Gehe das letzte Treiben ab – du kennst dich ja aus – und komm so rasch wie möglich mit der Flinte zurück". Bei diesen Worten drückte er mir zwei Schrote in die Hand – für alle Fälle!

„Wir warten hier am Teichufer, bis du hoffentlich mit der Flinte zurück kommst!"

Und ich machte mich auf die Suche, ich wußte ja in dem Waldstück genau Bescheid. Und ich fand tatsächlich die Flinte an einer Fichte gelehnt, jetzt war ich also der „stolze Flintenfinder."

Am Sammelplatz sahen mich die Jäger mit der Flinte daher spaziert kommen und sie dem Hundeführer Curt übergeben. Alle wollten natürlich wissen, was hinter dem Flintenwechsel steckte. Es war ja noch einmal gut ausgegangen! Was wäre gewesen, wenn ein anderer „Finder" die Flinte an sich genommen hätte?

Am Ende der Jagd lagen ein Dutzend Krumme und ein Fuchs auf der Strecke. Und mein Vater hatte den künftigen Jungjägern bei der Feldstreife einige „Kopfstandhasen" vorgeführt.

Und Curts „Drahthaar" machte auch das Apportieren zur Lehrstunde. Später dann bei dem anschließenden „Jagdpalaver" wollten nun alle wissen, wieso ich am Pfaffenteich plötzlich mit einer Flinte auftauchen konnte. Trotz aller rechtlichen Vorbehalte applaudierten mir alle mit anerkennendem Gelächter.

Der Revierteil mit dem Pfaffenteich, einem größeren Fischteich, gehörte zum Jagdgebiet 16, das meinem Vater zur jagdlichen Betreuung anvertraut war. Es befindet sich westlich von Stolpen in Neudörfel. Hinter dem „Hofebusch" auf den sich anschließenden Wiesen war der Einstand starker Böcke. Bei mehrfachen Revierspaziergängen dorthin hatte ich an den Wald-Wiesengrenzen eine Reihe von frischen Geplätz- und starken Fegestellen gefunden.

Für meine infrage kommenden Ansitze, hatte ich mehrere Örtlichkeiten bestätigt. Mein Vater

Das „Rauhbein von den Pfaffenteichwiesen".

traute mir schon zu, die richtigen Plätze ausgewählt zu haben.

An einem späten Julitag fuhren wir mit den Rädern nach Heeselicht, um die Flinte aus dem Waffenstützpunkt zu holen. Von Helmsdorf, einem Ort vor Stolpen, fuhren wir in Richtung Wiesen den Bischofsweg am Pfaffenteich entlang. Dort am Nachmittag rechtzeitig angekommen, führte ich Vater zu den von mir ausgewählten Ansitzplätzen.

Die Entscheidung, für welchen wir uns heute entscheiden wollten, fiel leicht. Aus wenigen Langholzästen steckten wir uns einen Sichtschutzschirm und hockten uns dann auf unsere Sitzstöcke. Als die blaue Stunde in den Abend überging wurde es vor uns auf der Wiese lebendig. Eine Ricke, gefolgt vom Bock, trieb es aus dem Holz auf die Wiese. Sie drehten mehrere Runden, entfernten sich weiter hinaus, trieben wieder zurück und drehten ihre Kreise.

Im Glas entpuppte sich der Bock als hellstangiger älterer Sechser. Und schon schob mir Vater die Flinte in die Arme mit den Worten: „... dein Bock für die gefundene Flinte!"

Ich zuckte unmerklich zusammen, zog die Flinte an einen vor uns steckenden derben Ast und wartete bis Ricke und Bock nahe genug heran waren. Da setzte die Ricke zurück ins Holz und der Bock folgte ihr. Aber bald traten sie wieder ins Freie. Doch der Bock trieb wieder zurück ins Holz, dann verhofften beide am Rand.... Ich schwenkte mit unruhigen Händen die Flinte an einen derben Ast und suchte die Blattgegend, sah fest über die Schiene und riss den Züngel durch. Der Bock stürzte, doch mehr sah ich nicht. Mein Vater murmelte nur: „guter Schuss"! Vor den Sträuchern am Waldrand lag der Bock ausgestreckt. Als wir nach kurzer Wartezeit zu ihm traten, zog ich ihn an den Vorderläufen an den Wiesenrand, das Gehörn – wie durchs Glas angesprochen: gut lauscherhoch ein „noch Sechsergehörn". Die Innenseiten der Stangen bräunlich gefärbt, zu den Spitzen hin dunkel elfenbeinfarben und bis zur Hälfte gut geperlt. Und die schnurförmigen Dachrosen geperlt. Das Alter stand ihm auf der Stirn geschrieben. Wir ertasteten starke Rosenstöcke. Mein glücklicher Vater überreichte mir mit „Weidmannsheil!" den Schützenbruch und ich sagte „Weidmannsdank für den Flintenbock". Das Aufbrechen war meine Aufgabe, er beobachtete dabei meine Handgriffe, ob sie auch richtig sitzen. Das Jagdmesser aus seiner Berufsjägerzeit führe ich noch heute. Nach dem ersten Ausschweißen an einen Aststummel hängend, schnürten wir den Bock auf den Rucksack, dann fuhr ich mit der gut 20 kg schweren Last nach Hause. Vater fuhr zur Abgabe der Flinte zum Waffenstützpunkt nach Heeselicht. Am abgekochten Unterkiefer bestätigte sich das bereits geschätzte Alter – sechsjährig.

Bei der nächsten Jungjägerschulung diente der Bock als Objekt zum Demonstrieren des „Aus der Decke schlagens".

Der „Zufällige"

Anfang Oktober desselben Jahres unternahmen wir an einem goldenen Herbsttag zusammen mit zwei anderen Jagdeleven einen langen Reviergang vom Pfaffenteich durchs Wesenitztal bis zur Papierfabrik Geipel in Dittersbach, um dabei vielleicht den einen oder anderen Hasen zu erlegen. Zunächst holten wir im Waffenstützpunkt Heeselicht eine Flinte – es war ein genehmigter Jagdtag, deklariert als „Lehrveranstaltung" für angehende Jungjäger.

Solche Reviergänge dienten zuallererst dazu, das anvertraute Revier in seinen Grenzen und um die Wegeverhältnisse und deren Verlauf sowie Begeh- und Befahrbarkeit genau kennen zu lernen. Auch die Bestockungen der Waldflächen und Feldgehölze muss der Jäger genau kennen. – Heute hatten wir uns also vorgenommen, zuerst den Reviertteil vom Pfaffenteich bis zur Helmsdorf/Wilschdorfer Straße zu begehen. In der Nähe vom Bischofsweg rutschte ein Hase unversehens aus einem Feldrain heraus und flüchtete ins Feld, mit der 16er Doppelflinte fasste ihn mein Vater sofort, und er rollierte. Für die uns begleitenden Jagdeleven war es eine Augenweide.

Im letzten Feldgehölz drückten sich mehrere Rehe herum. Nacheinander kamen sie im leichten Troll auf die Wiese. Ein Bock bildete die Nachhut und verhoffte auf läppische Entfernung, er bot sich förmlich zum Abschuss an ... und er stürzte im Feuer. Es handelte sich hier um einen schon älteren Bock mit halblauscherhohem, kurz verecktem Gablergehörn. Was für ein zufälliges Weidmannsheil kurz vor Ende der Jagdzeit!

Nun führte ich den beiden Jagdeleven den Brauch des „Letzten Bissens" und das „Überreichen des Schützenbruches" vor. Einer der Jungjägeranwärter übernahm nun noch unter den kritischen Augen meines Vaters, des anerkannten „Berufsjägers" das Aufbrechen.

Der „Zufällige" – zum Ende der Schusszeit beim Reviergang vor die Flinte gedrückt.

3
Der Kuhberg
Ausläufer der Sächsischen Schweiz

Kuhberg mit „Breitem Stein"– 339 Meter hoher bewaldeter Bergrücken.

Mit der Jägerprüfung in der Tasche

Während meines ersten Studiums legte ich im Frühjahr 1961 die „Jagdeignungsprüfung aus dem Stand" in Ribnitz-Damgarten ab. In den Semesterferien konnte ich nun als „geprüfter Jäger" mit meinem Vater in seinem zu betreuenden Jagdgebiet auf Ansitz gehen. In Absprache mit dem staatlich beauftragten Jagdberechtigten durfte ich als Gast beim Leiter des Waffenstützpunktes eine Jagdwaffe empfangen, wenn kein anderer Jäger zur Jagd angemeldet war. Und in den Semesterferien durfte ich als Gast im Jagdkollektiv eine 16er Doppelflinte (die eigentlich ein Drilling war) führen. Der Kugellauf war bis zum Vorderschaft entfernt. Denn Kollektivjäger durften nur Flinten ohne Zielfernrohr führen, die nach der Jagd, am Abend samt Munition im Schrank des Waffenstützpunktleiters wieder eingeschlossen wurden.

Die ersten Abende saßen wir im Wilschdorf-Rennersdorfer Teil des Jagdgebietes am so bezeichneten „Nullweg" auf der Feldseite an einer Kleebrache auf den Bock an. Den Wald im Rücken blickten wir auf das hochstehende Futter. Hier herrschte reges Begängnis von mehreren Böcken. Ich hatte es mir auf meinem Sitzstock mit einem Baum im Rücken so bequem gemacht, wie es eben ging. Vater saß neben mir – er wollte erleben, wie ich einen bestätigten Bock zur Strecke bringen würde.

Und urplötzlich – wie aus Erz gegossen – stand er vor uns im Klee! Er ist richtig: ein kaum lauscherhoch, wenig vereckter Abschussbock. Ich richtete den ehemaligen 16er Drilling in Richtung Bock, schaukelte mit dem Ding hin und her, als wäre es ein Lämmerschwanz. Als ich glaubte, den Zielpunkt erfasst zu haben, riss ich den rechten Züngel durch – und fort war der Bock…. „Glatt gefehlt!" sagte Vater kopfschüttelnd. „Du hast einfach gefaselt, ohne ruhig das Blatt zu erfassen und dann den Hahn durchgerissen…!" Am Anschuss dann die Fluchtfährte: eine regelrechte Bahn im Klee. Und ich hatte meinen Tadel weg. Aber aufgeben wollte ich nicht!

Einige Tage später wollte Vater an diesem Platz selbst ansitzen… und der Bock kam wie auf Bestellung: die Äsung lockte. In aller Seelenruhe hob Vater das 16er Rohr, riss Funken – und der Bock lag im Klee…. Wie Tage zuvor angesprochen: ein vielleicht vierjähriger, noch angedeuteter Sechser mit dunkelbraunen, geperlten Stangen – ein Allerweltsbock. Ob er vielleicht ein paar Kratzer von meiner Brenneke erhalten

Auf dem Weg zum Ansitz – stets die Burg Stolpen im Blick!

Der geforkelte „kapitale Zukunftsbock"!

hatte? Aber Spuren fanden wir keine. Nun konnte ich meinem Vater den Schützenbruch überreichen und dem Bock den „Letzten Bissen" in den Äser stecken.

Tage später saßen wir in der Nähe des Bischofsweges, dort wo der Nullweg beginnt, an einem Wiesenflecken an. Auf dem Weg zum Ansitz hatten wir noch einen herrlichen Blick auf die Burg Stolpen. Als es nun auf die Stunde des Bockes ging, erhob sich vor uns schwerfällig torkelnd ein Bock, um gleich wieder zusammen zu sacken. Er musste entweder geforkelt worden sein oder von einem Fahrzeug einen Schlag erhalten haben. Nach bangem Warten erhob sich der Bock wieder ... ganz sicher eine Forkelverletzung, eigentlich nichts ungewöhnliches jetzt während der Brunft. „Wenn er gut

steht, bring ihn zur Strecke ..." flüsterte Vater. Eine läppische Entfernung – und im Schuss fiel der Bock zurück ins Gras. „Gut gemacht!" diesmal Vaters Worte. Als wir aber dann vor dem Bock standen, die Überraschung: ein junger Bock mit kapitalem Zukunftsgehörn, ein langstangiger Sechser mit langen Vorder- und Rücksprossen. Die hellbraunen Stangen waren innen geperlt. Der anderthalb lauscherhohe Sechser mit den spitzen, elfenbeinfarbenen Enden – ein dreijähriger Bock.

Nachdem Vater dieses Mal mir den Bruch überreicht hatte, und der „Letzte Bissen" im Äser steckte, gings ans Aufbrechen, das Vater selbst vornahm, denn er wollte die Forkelstelle finden. Und wir entdeckten in der Decke vor dem Schloss die Einstichstelle ins kleine Gescheide. Also jetzt in der Brunft von einem Rivalen geforkelt, der seinen Einstand verteidigt hatte…. Eigentlich jammerschade um diesen Zukunftsbock. In zwei, drei Jahren wäre er bestimmt ein ganz „Kapitaler" gewesen.

Bei Reviergängen in diesem Feldgehölz-, Wiesen- und Feld-Revierteil fanden wir mehrfach Hinweise auf die Anwesenheit starker Böcke. Die Reviergänge unterbrachen wir oft, um am Feldrain zu sitzen und zu erzählen. Ich wollte viel erfahren von Vaters Jagd auf andere Wildarten während seiner Berufsjägerzeit.

Mit seinem letzten Jagdherrn, Baumeister Max Preiß aus Porschendorf, bei dem er als Berufsjäger angestellt war, haben sie gemeinsam in verschiedenen Revieren auf Auer- und Birkwild gejagt, in den Alpen auf Gamsen und in Böhmen auf Fasane und Hasen, im Erzgebirge auf Hirsche und in Ungarn auf Damhirsche.

Die Jagd auf den Sechserhirsch, dessen Geweih im Flur unserer Wohnung hing, hat er mir mehrmals erzählt, immer wieder wollte ich diese Geschichte hören. Wie sie sich zugetragen hat, habe ich aufgeschrieben. Die Jagd auf den Sechser-Hirsch ereignete sich in der Nähe vom Georgenfelder Hochmoor im Osterzgebirge, das ich bei einer Klassenfahrt kennen gelernt und später lieben gelernt hatte.

Der „Sechserhirsch" vom Georgenfelder Hochmoor im Osterzgebirge

Im Flur unserer Wohnung im Landhaus Wilhelmine in Dittersbach – jetzt Gemeinde Dürrröhrsdorf-Dittersbach, Landkreis Sächsische Schweiz-Osterzgebirge – hing neben Rehgehörnen ein kleines Hirschgeweih. Vater habe es aus seiner Berufsjägerwohnung im Preißhof Porschendorf in sein neues Domizil mitgebracht. Später erfuhr ich seine Geschichte, warum er auf dieses Hirschgeweih so großen Wert legte.

Während seiner Berufsjägertätigkeit fuhr er mit seinem damaligen Jagdherrn, dem Baumeister Max Preiß aus Dresden, oft zur Jagd ins Osterzgebirge. Und während einer Treibjagd auf Rothirsche kam ihm im Lugsteingebiet bei Schneewetter nahe dem Georgenfelder Hochmoor ein Hirschrudel vor die Büchse. Es seien alles geringe Hirsche gewesen, und der letzte im Rudel sei ihm abschussgerecht erschienen. Allerdings gab es zu damaliger Zeit noch keine Abschussgrundsätze wie in heutiger Zeit. Bekannt waren nur die „Raesfeldschen Hegegrundsätze" und die Schlussfolgerungen aus den Versuchen im Schneeberger Gatterrevier. Was alles dahinter steckte, erklärte mir Vater erst in späteren Jahren.

Sein Jagdherr, Max Preiß und Vaters Freund, Emil Leuteritz aus Hennersbach bei Liebstadt, hatten auch Erfolg. Ersterer hatte einen starken, ungeraden Zwölfer zur Strecke gebracht und der Hennersbacher Freund einen Eissprossen-Zehner.

Bei Vaters Hirsch, dessen Trophäe jetzt im Wohnungsflur neben Rehgehörnen hängt, handelte es sich um einen ungeraden Sechser mit braunen Stangen und weißen spitzen Enden. Die fehlende rechte Augsprosse ist als elfenbeinfarbiger, heller Wulst angedeutet. Das Erlegungsdatum: Winter 1932 im Lugsteingebiet bei Zinnwald-Georgenfeld.

Der Kommentar nach Überreichung des Schützenbruchs: Einen ungeraden, drei- bis vierjährigen Sechser schießt man nur selten, noch dazu im Winterwald des Erzgebirges. Auf den Schuss hin – mein Vater führte damals einen Sauer-Drilling im Kaliber 7 x 57 mit 16er Schrotläufen – knickte der Hirsch vorn ein, kam aber wieder voll auf die Läufe und flüchtete in den verschneiten Fichtenwald. Nach dem Treiben dann dunkler Schweiß am Anschuss und ebenfalls auf der weiteren Fluchtfährte. Und nach etwa 150 Schritt lag der Hirsch ausgestreckt

Der Sechserhirsch aus dem Georgenfelder Hochmoor – der aus dem Dresdner Zoo Entkommene.

und längst verendet an einer verschneiten jungen Fichte, die ihn beschneit hatte. Und der Sitz des Schusses: Ein „fast Mitteblattschuss". Im Hegering erzählte man sich: Der Jäger vom Porschendorfer Preißhof hätte bei einer Jagd im Dezember 1932 einen geringen Hirsch, einen ungeraden Sechser geschossen, der aus dem Zoologischen Garten in Dresden entkommen und ins Osterzgebirge verwandert sei. Und der Hirsch hätte an den Lugsteinen in Zinnwald-Georgenfeld regelrecht „herum gestanden", wie Forstleute zu berichten wussten. Bis ihn mein Vater bei besagter Jagd einfach „umgeschossen" hätte…. Scherzhaft nannten die Gäste bei der Hirschfeier im Preißhof meinen Vater den „Jäger vom Zoologischen Garten Dresden".

Doch diese Hirschjagd war nicht die einzige jagdliche Begebenheit im Osterzgebirge. Mit dem Jagdherrn war Vater oft im Hochmoorgebiet auf böhmischer Seite zur Birkhahnbalz. Dort war damals ein Birkwild-Eldorado. Von einem Schirm aus erlegten sie im April in den zwanziger und dreißiger Jahren mehrere ältere Birkhähne, die alle präpariert und im Jagdhaus Porschendorf drapiert wurden. Leider sind alle diese Präparate im Jagdhaus zurück geblieben. Wenn Vater davon erzählte, kam er regelrecht ins Schwärmen vom Hochmoor auf dem Erzgebirgskamm und den oftmaligen Erlebnissen von der Birkhahnbalz.

Das Zusammensein mit seinen alten Jagdfreunden war meinem Vater sehr wichtig. Doch das geschah nicht nur bei der Jagd im Revier, auch und besonders in froher Runde im häuslichen Wohnzimmer oder nach den kleinen Treibjagden in der örtlichen Gaststätte. Im Kreise seiner Freunde wurde viel über die alten Jagdklassiker fabuliert. Bei seinem Abschied 1938 aus dem Jagdhaus seines Jagdherrn Max Preiß in Porschendorf erhielt er zur Erinnerung mehrere Bücher aus der Bibliothek des Preißhofes als Geschenk versehen mit Exlibris aus der Bücherei des Preißhofes Porschendorf. So auch die Prachtausgabe von Diezels „Niederjagd". Bei einem Zusammensein las Vater aus dem Vorwort von Diezels Niederjagd von 1898 einen Satz vor, den er rot unterstrichen hatte: „Es ist doch ein Genuss, jemanden von der Jagd sprechen zu hören, der nicht bloß Jäger ist, sondern auch in der gelehrten Welt und mit den Klassikern alter und neuer Zeit vertraut ist."

Das Georgenfelder Hochmoor

Als Schuljunge lernte ich es dann kennen, das Georgenfelder Hochmoor bei Altenberg im Osterzgebirge und zwar bei einer Klassenfahrt zu Beginn der großen Ferien nach der vierten Klasse. Mit einem zum Personenverkehr ausgestatteten Lastwagen fuhren wir dorthin. Als wir in Zinnwald-Georgenfeld ankamen, ging es auf dem Wanderweg zum Moor. Ich war gespannt, was es dort Interessantes zu sehen geben würde. Vater hatte mir bereits viel über das Moor erzählt und war Kenner des Gebietes, und er begleitete als Betreuer die Schulklasse auf dieser Fahrt. Vor dem Moor auf den Wiesenstreifen mähte ein Bauer Gras. Als er unsere Gruppe kommen sah, unterbrach er seine Arbeit. Im Gespräch mit meinem Vater und dem Lehrer bot er sich an, uns durch das Moor zu führen. Das Georgenfelder Hochmoor auf dem Kamm des Osterzgebirges unweit von Zinnwald-Georgenfeld bei Altenberg ist Teil des vom Abhang der Luchsteine bis nach Böhmen sich erstreckenden Moorkomplexes. Die auf der Kammhöhe des Osterzgebirges in 880 m über NN liegende Streusiedlung Zinnwald-Georgenfeld ist der höchstgelegene Ort im Erzgebirge.

Auf sächsischem Gebiet nimmt es mit etwa 11 Hektar, also etwa ein Zehntel des gesamten Moores ein.

Der Gebirgskamm trug in der Elster-Eiszeit eine dauerhafte Firnschneekappe. Beim Abschmelzen bildeten sich in den Mulden kleine Seen, die keine Abflüsse hatten. In der Wärmeperiode, die der Eiszeit folgte, bildete sich der Pflanzenwuchs aus. Die Schilf- und Schachtelhalme schufen den ersten Humus und leiteten die Moorbildung ein. Das Torfmoos stirbt von unten her ab und wächst nach oben weiter. Auf diese Weise entstand eine starke Torfschicht. Die Oberfläche dieses Bewuchses ist zu deren Mitte hin stark gewölbt, weshalb es die Bezeichnung „Hochmoor" erhielt.

Das Georgenfelder Hochmoor hat eine Stärke von etwa drei bis fünf Metern. Somit wird sein Alter auf etwa 10 000 Jahre angenommen. Durch intensiven Torfstich wurde der Wasserhaushalt des Gebietes gestört, was das Absterben einiger Pflanzengattungen zur Folge hatte. Heute siedeln hier noch die aus der nordeuropäischen Tundra stammende Moosbeere und die Trunkelbeere. Von den Gehölzen ist die Moorkiefer vorherrschend. Angesiedelt haben sich aber auch Weißbirke und Fichte. Heidelbeere, Preiselbeere und Heidekraut sind auf den ausgetrockneten Stellen zu finden. Das Scheidenwollgras hat die feuchten Stellen besiedelt. Und auch der Sonnentau ist anzutreffen.

Anzumerken ist: Das Moor erfüllt die gleiche Aufgabe wie die Gletscher im Hochgebirge, es nimmt das Wasser der Schneeschmelze auf und gibt es langsam wieder ab. Das Georgenfelder Hochmoor ist in der Lage, 1300 Liter Wasser pro Quadratmeter aufzunehmen.

Zur Blütezeit des Bergbaues seit dem 16. Jahrhundert wurden viele kilometerlange Kunstgräben angelegt, um den immensen Wasserbedarf zu decken. Die Bergleute sam-

Moorkomplex mit Bergkiefern.

Die „Lugsteine" am Georgenfelder Hochmoor.

melten das Wasser aus der großflächig vermoorten Hochfläche um den Kahleberg. Durch intensiven Torfstich zur Brennstoffgewinnung bis Anfang des 20. Jahrhundets sind große Moorgebiete ausgetrocknet. Aufgrund des Torfabbaus um die Jahrhundertwende und infolge der Austrocknung des Moores durch Wasserableitung sind inzwischen etwa zwei Drittel des Moores nicht mehr vorhanden.

Auf Initiative des „Landesvereins Sächsischer Heimatschutz" wurde das Gebiet 1926 aufgekauft und zum Naturschutzgebiet erklärt. Das Moor wurde durch die Anlage eines weit reichenden 1200 m langen „Holzbohlenpfades" einschließlich einer hölzernen Aussichtsbrücke

begehbar gemacht. Der Weg durch das Moor hat den Charakter eines Naturlehrpfades, damit kommt dem Naturschutzgebiet eine besondere Bedeutung als Exkursionsziel für Schulen zu.

Heute ist es das Kerngebiet eines 35 Hektar großen Areals, das zum europäischen Schutzgebietssystem „Natura 2000" gehört. Das Moor selbst ist mit einer Fläche von 12,45 ha als Naturschutzgebiet ausgewiesen.

Das Georgenfelder Hochmoor ist ein typisches, und darüber hinaus eines der schönsten Krummholz- oder Kiefern-Areale des Erzgebirges, das einen gehölzfreien Moorkern umgibt.

Die Krummholz- oder Latschenkiefern kommen in verschiedenen Wuchsformen zwischen

1 m bis 5 m Höhe vor. Von der Aussichtsbrücke im Lehrpfad eröffnet sich der Blick über die Schlenken, das sind mit Wasser gefüllte „Pfannen". Einen besonders schönen Anblick bietet der Westrand des Moores. Dort bestimmen die weißen Fruchtbüschel des schmalblättrigen Wollgrases auf alten Abbauflächen das Bild der Vegetation. Die naturschutzfachliche Bedeutung des Georgenfelder Hochmoores besteht vor allem darin, es mit seinem borealen Pflanzenbestand als lokale „Kälteinsel" zu erhalten.

Das bei der Braunkohleverbrennung aus den Kraftwerken im Nordböhmischen Becken entweichende Schwefeldioxyd hatte zum Absterben der Fichten-Monobestände und ebenso der Moor-Torfmoose geführt. Ein Schadfaktor, der ebenfalls zur Austrocknung des Moores führt, ist der von den Luftschadstoffen abgestorbene Fichtenmoor-Waldgürtel. Anstelle der dichten Nadelholzforste breiteten sich Rietgras-Teppiche aus, die im weiteren Umfeld des Georgenfelder Hochmoores von Beersträuchern und nassen Wollgrassenken mit Birken und Ebereschen durchsetzt waren.

Dieser neue Landschaftscharakter sagte dem Birkwild zu. Ein kleine, in den Moorrandlagen sowie den angrenzenden Steinrückenlandschaften lebende Birkwildpopulation erholte sich. Doch die für die Birkhühner so wichtigen Blößen sind inzwischen größtenteils wieder zugewachsen, und so verkleinert sich der Lebensraum des Birkwildes erneut zusehends. Überregionale Bedeutung für das Birkwild besitzt nicht nur das Hochmoorgebiet auf dem Kamm des Osterzgebirges als einer der letzten mitteleuropäischen Lebensräume.

Dabei können die Hochmoor-Randbereiche nur einen kleinen Teil der Lebensraumbereiche abdecken. Entscheidend für die Zukunft der noch vorhandenen kleinen Population ist, ob in den wieder heranwachsenden Forsten der Umgebung ausreichend Offenbereiche und Weichlaubhölzer geduldet werden. Daneben stellen das Überleben des Birkwildes vor allem die Beutegreifer in Frage: vor Fuchs, Iltis, Marder, Wiesel und auch vor Schwarzwild ist kein Gelege sicher.

Die Hochmoorwiesen lassen sich vom nördlich angrenzenden Hauptwanderweg einsehen. Einen weiteren Landschaftsüberblick bieten die Porphyr-Klippen der Lugsteine. Bemerkenswert ist das kleine Hochmoor bei dem benachbarten Ort Fürstenau. Seine aus Karpatenbirken bestehende Gehölzformation ist eine Einmaligkeit in Ostdeutschland.

Namentlich für das Landschaftsbild prägend sind die langgestreckten Anhäufungen von „Lesesteinen" am Feldrand.

Der „Edle Alte Sechser"

Bevor es nach der Sommerpause wieder ans Studieren ging, wollten wir, mein Vater und ich, die letzten Tage meines Urlaubs zu Hause zum gemeinsamen Jagen nutzen. Wenn ich ehrlich zu mir war, stand für mich das Studieren an zweiter Stelle, die „Wissenschaft" fiel mir leicht in den Schoß. Und als junger Jäger kostete ich in meiner Freizeit – die ich mir reichlich nahm – das Jagen am Saaler Bodden bei Ribnitz-Damgarten weidlich aus!

In der Nähe des Waffenstützpunktes bei Wilschdorf an „Winters Höhe" bei der Viehtreibe am Nullweg wollten wir in der Nähe der Feldgehölze ansitzen. Zum Abschluss der Brunft, bevor das Rehwild wieder zur Tagesordnung übergeht, wollte Vater noch einen alten Bock mit knuffigem Gehörn zur Strecke bringen. Zum Ende des Frühjahres hatten diesen Bock schon mehrfach bei Abendsitzen zu Gesicht bekommen. Und jetzt hoffte mein Vater, ihn wieder einmal „ersitzen" zu können. Zwei Abende lang trotteten um unseren Ansitzplatz lediglich zwei „gute Jugendliche" herum. Am dritten Abend trollte einer der Jährlinge auf's Feld, doch er verschwand bald wieder im gegenüberliegenden Holz. Am vierten Abend setzte ich mich weiter im Feld, am Freigutweg nach Helmsdorf an. Noch ziemlich frühzeitig erschien auf den Wiesenflecken ein Knopfspießer ... als er „schussgerecht" stand, schoss ich – und der Bock fiel in die Wiese. Beim Nähertreten erkannte ich einen Jährling mit kurzen, befegten Spießen. Als ich den Bock in der Nähe meines Ansitzplatzes aufgebrochen hatte, war auch mein Vater zur Stelle und überreichte mir mit einem kräftigen „Weidmannsheil!" den Schützenbruch. Er selbst hatte hier schon vor einigen Tagen

Der „Edle
alte Sechser".

einen anderen Bock ausgemacht – jedoch außer Schussentfernung für die Brenneke. Schließlich saßen wir beide an einem letzten Abend diesmal etwas näher in Richtung Auswechsel auf „seinen Bock" an. Wie stets bei klarem Wetter begleitete uns der schöne Blick auf die Burg Stolpen an „Winters Berg" (eine Flur-Bezeichnung?) entlang.

Nach der Auswahl unseres Ansitzplatzes steckten wir – mit dem Rücken saßen wir an Bäume gelehnt – kräftige Äste zur Deckung im Halbkreis um uns herum gesteckt. Doch nun hieß es erst mal: abwarten! ...immer die Burg im Blick.

Als es nun auf die Stunde des Bockes ging, trat neben uns eine Ricke auf die Äsung und zog dann weiter ins Feld hinaus. Wird er ihr folgen? Tatsächlich – mit ein paar lässigen Fluchten stand er mitten im Futterschlag, fing an zu äsen ... kümmerte sich aber nicht um die Ricke. Als er sich schussgerecht aufrichtete und sein Blatt ganz frei zeigte, hatte ihn Vater über der Schiene – und Knall und Fall! Ich wollte aufspringen, doch Vater hielt mich zurück: „Lass uns noch einen Moment warten ...!" Dann gings zum Bock – ein überwältigender Anblick über den strammen Körper – jetzt zum Ende der Brunft!

Nun der erste Griff ins Gehörn: eine Krone, wie sie sich der Jäger wünscht: nicht hoch über die Lauscher, aber die gebogenen Sechserstangen leicht korbförmig. Die Enden stumpf doch noch gut ausgebildet. Alles in allem: ein alter edel geformter Sechser!

Ich gratulierte meinem Vater mit einem ganz herzlichen „Weidmannsheil!", nicht ahnend, dass es der letzte Erlegerbruch sein würde, den ich meinem Vater überreichte. Im September des selben Jahres erlitt er den schnellen Herztod .... Das Gehörn hat er noch fein säuberlich präpariert und auf ein Ehrenschild gebracht ... und jetzt hat es seinen Ehrenplatz über meinem Schreibtisch.

Jagd auf Auer- und Birkwild im Erzgebirge

Seinen damaligen Jagdherrn, Baumeister Max Preiß, begleitete mein Vater oft zur Jagd auf Auer- und Birkhähne. Auch er selbst war dabei mehrfach auf balzende Hähne zu Schuss gekommen. Sein erstes Birkhahnerlebnis bei Johanngeorgenstadt im Erzgebirge hat er aufgeschrieben, und dieser Bericht wurde im April 1956 in *„unsere Jagd"*, der Fachausgabe der Zeitschrift *„Forst und Jagd"* veröffentlich.

Vater schwärmte gern von seinen Balzerlebnissen auf den Kleinen und Grossen Hahn. Bei einem Besuch des Alterssitzes seines ehemaligen Jagdherrn Max Preiß, in einer Villa am Abhang des 331 Meter hohen Kohlberges am Westrand des Elbsandsteingebirges mit Blick auf den Ort Wünschendorf, bestaunte ich die Auer- und Birkhähne, die im Treppenaufgang hingen. – Und nun wünschte auch ich mir in meinem Jägerleben so manchen Balzmorgen erleben und genießen zu können. Doch vorerst konnte das noch nicht möglich sein.

Die Erlegergeschichte vom „Kleinen Hahn" wurde 1956 in „unsere Jagd" veröffentlicht.

Vaters erster „Kleiner Hahn"

Diese Geschichte erschien in *„unsere Jagd"*, einer Fachausgabe der Zeitschrift *„Forst und Jagd"* in der Aprilausgabe 1956.

Sternenklar war der Himmel und kalt der angehende Aprilmorgen, als wir die noch mit Reif überzogene Balzwiese erreichten. Die Decken wurden ausgebreitet, das Gewehr schussfertig gemacht. Der heiße Tee aus der Thermosflasche tat gut. Nun waren wir gespannt….

Die Zeit verging, der Morgen vertrieb die Nacht. Erkennen konnte man noch nichts, doch das Pfeifen von Schwingen war zu vernehmen. Es wurde heller und heller – und jetzt wurde das Birkwild mit einem Mal sichtbar – noch konnte das Glas nichts ausmachen, doch von Minute zu Minute wurde die Sicht besser. Da begann der Balzgesang: ein herrliches Schauspiel – das Blasen und Kullern. Ja, wenn so 25 bis 30 Hähne sich präsentieren, weiß man nicht, wohin man zuerst blicken soll, überall brodelt es…. Ah, dort ein Hahn und da drüben ein zweiter…! Ganz in der Nähe, noch einer, noch besser – alt, blauschwarz das gesamte Gefieder, stark die Rosen, wunderbar der Stoß, stark gekrümmte Sicheln! Meine Aufregung war groß, spürbar die Herzschläge…. Wie weit? Etwa 40 bis 50 Schritt – den oder keinen! Vorsichtig hob Vater das Gewehr hoch, durch den Schlitz des Schirmes gesteckt, ruhig… ganz ruhig… mich überkam jetzt ein leichtes „Fieber"…. Vater zielte über die Schiene zwischen den Hähnen – ein Krach! Ein Nebel vom Schwarzpulver… alle strichen ab. Langsam löste sich der Schleier auf – und nun sah ich den

Hahn liegen – wieder packte mich das Fieber. Wird es ein alter sein? Ich konnte es noch nicht feststellen, doch Vater war ganz ruhig.

Ich kroch aus dem Schirm … und in dieser Sekunde fiel bei meinem Freund ein Schuss – dann Stille … „Weidmannsheil!"– unsere Wünsche gehen zu ihm…. Nun raschen Schrittes zu „unserem" Hahn – wirklich ein guter Kapitaler mit starken Rosen und herrlichen Sicheln! Da kam schon mit strahlendem Gesicht mein Freund zu uns herüber – auf seinem Rucksack pendelte oben: ein Hahn – genau wie der unsere – als wären es Brüder!

Der Oberförster überreichte den beiden erfolgreichen Schützen – meinem Vater und meinem Freund – den Bruch mit herzlichen Weidmannswünschen für die weitere Jagd im Leben. Dann gingen wir freudigen Herzens zum Forsthaus. Jeder erzählte sein Erlebnis. Auch die Alten erzählten, und so manches haben uns Junge diese Stunden gelehrt. Anderntags wanderte ich mit innerer Freude gemessenen Schrittes zur Bahnstation – noch immer das Schauspiel vor Augen…. Euch allen, ihr jungen Kollektivjäger, wünsche ich so ein erstes Erlebnis mit Birkwild in der Balzzeit!

Die Birkhahnbalz

Die in schillernden Farben erzählten Balzerlebnisse auf den Kleinen und den Großen Hahn fesselten mich, ich träumte von Balzplätzen im Gebirge mit dem Spiel der „kleinen Ritter", wie Vater sie liebevoll nannte. Doch dieser Wunsch, das Balzgeschehen und die Jagd auf den Spielhahn, wie er auch genannt wird, war vorerst nicht erfüllbar. Doch unerwartet traf mich der „Zufall" in Bezug auf diesen Wunsch. Über „Jugend-Tourist", DDR-Reisebüro für Jugendliche, hatte ich mit meiner Schwester einen Skiurlaub in der Hohen Tatra gebucht. Mit der Bahn gings nach Poprad-Tatry und weiter mit der Tatrabahn nach Stary Smokovec –

Balzplatz der Birkhähne bei Satzung im Erzgebirge.

Altschmecks ins Sporthotel. Nach vielen schönen Skitouren hieß es eines Tages: „Abschied nehmen von der Hohen Tatra!" Den letzten Abend verbrachten wir in froher Runde mit einer ebenfalls abreisenden Studentengruppe aus Prag. Mit einer schwarzhaarigen Studentin aus Prag kam ich ins Gespräch. Ich erzählte ihr, dass ich an der Ostsee studiere und Jäger sei, worauf sie entgegnete: ihr Vater hätte einen Freund im Forstbetrieb Pilsen. Das zündete sofort bei mir und weckte die Aussicht auf eine mögliche Jagdgelegenheit. Da bei der Rückreise ein Tag in Prag eingeplant war, verabredeten wir uns für den Abend in der Traditionsgaststätte „U Fleku". Dort wollte unsere Reisegruppe den Abend verbringen, bevor es am Morgen wieder zurück Richtung Dresden ging.

Die Prager Studentin hielt Wort: am frühen Abend kam sie zur der bekannten und berühmten Gaststätte „U Fleku". Da sie gut deutsch sprach, verlief der Abend froh und recht heiter. Sie fiel auch gleich mit der Tür ins Haus: Ob ich für sie, ihre Freundin und ihren deutschen Freund ein Urlaubsquartier an der Ostsee besorgen könnte. Ich sagte erst mal „ja" und hatte dabei eine Försterei im Auge.

Weiter ging das Gespräch mit einer für mich guten Nachricht: Ihr Vater hätte mit seinem Freund in Pilsen telefonisch gesprochen: ich könne ihn dort einmal besuchen und meine jagdlichen Wünsche vortragen. Dann hatte die Prager Studentin einen Vorschlag: Im Frühjahr käme der Freund ihrer Freundin Sisi aus Jena, um sie in Prag zu besuchen – und so vereinbarten wir dort ein gemeinsames Treffen. Ich könne ja anschließend in die Forstdirektion Pilsen fahren, um dort meine jagdlichen Wünsche vorzutragen. Unser geplantes Prager Treffen kam zustande, und es wurde ein sehr „kulturvolles". Wir besuchten die Burgen Karlstein und Krivoklat. Die Wälder von Krivoklat waren einst die Jagdreviere der böhmischen Könige.

Meine erste Hahnenbalz

In Pilsen empfing mich in der Forstdirektion der Verantwortliche für die Jagd. Zuerst wollte er wissen, wie ich zur Jagd kam und wo ich in der DDR zur Jagd ginge. Dann trug ich meine Wünsche vor: Die Birkhahnbalz erleben und vielleicht auch einen Hahn zu erlegen. Nach kurzer Rücksprache mit seinem Vorgesetzten sagte er mir, das wäre im nächsten Frühjahr möglich im Böhmerwald in Zelesna Ruda, also „Böhmisch Eisenstein". Ich möchte meine Ankunft dem Direktor mitteilen, alles weitere würde er organisieren. Zunächst machte mich der Jagdverantwortliche mit dem Hauptdirektor der Forstverwaltung bekannt.

Wir saßen in seinem großen, stilvoll eingerichteten Repräsentationszimmer, und ich musste ihm von der Jagd in der DDR erzählen. An diesem Tag hatte er ein großes, spendables Herz: Im folgenden Herbst könne ich in den Wäldern von Krivoklat auf Rotwild und Mufflons jagen. Ich solle mich beim Direktor des zuständigen Forstbereiches in Zbiroh melden. Mit einem großen „Weidmannsdank !" nahm ich diese unerwartete Einladung freudig an.

Dort im Revier Vlastec war ich in den folgenden Jahren ständiger Jagdgast im Herbst. Hier in diesem Berg-Mischwald-Revier jagte ich sehr erfolgreich auf Rotwild und Muffelwild.

Zunächst fuhr ich im folgenden Frühjahr voller Vorfreude in den Böhmerwald nach Böhmisch Eisenstein. Sehr herzlich wurde ich im dortigen Forstbetrieb empfangen. Ich wohnte im idyllisch am Ortseingang am Berghang gelegenen Jagdhaus. Am ersten Morgen wurde ich vom zuständigen Förster abgeholt, und wir fuhren zum Balzplatz... leider zunächst bei Nieselregen. Nachdem wir uns im Schirm eingerichtet hatten, fiel ein Hahn auf dem Platz ein. Doch nach ein paar Hupfern strich er wieder ab. Das war am ersten Morgen alles, was ich vom

Birkwild zu Gesicht bekam. So hofften wir auf den nächsten Morgen. Wieder saßen wir noch bei stockfinstrer Nacht im Schirm. Leider wurde aus dem Nieselregen richtiger Schnürlregen. Also brachen wir den Ansitz ab und mussten die Balz für dieses Jahr verloren geben. Mein begleitender Förster verabschiedete sich mit „Lovu star" und wir freuten uns beide auf ein Wiesersehen im nächsten Jahr bei hoffentlich bestem Balzwetter.

Hahnenbalz in den Tatrabergen

Doch mein Bekannter im Forstbetrieb Pilsen hatte noch andere Pläne. Wenn mir der Weg in die West-Tatra nicht zu weit wäre – im Vorgebirge gibt es gute Balzplätze. Und er würde dort für mich einen Abschuss reservieren. Ich solle meine Ankunft im Forstbetrieb Namestovo mitteilen. Sofort war ich Feuer und Flamme. Als es im nächsten Jahr auf das Frühjahr zuging, meldete ich mein Ankommen beim Jagdverantwortlichen im Forstbetrieb Namestovo an.

....

Vor der Hahnenbalz Bärenansitz an den Nordhängen der Osobita in der Westtatra.

Es war eine angenehme, zehnstündige Fahrt auf den tschechischen und slowakischen Straßen dorthin. Mein Quartier für die nächsten Tage war in der Oberförsterei in Habovka. Für die Birkhahnbalz und die Jagd auf den Kleinen Hahn war ein Revier in Bili Potok ausgewählt. Ich solle von Habovka dorthin fahren und in der Försterei mit dem jungen Forstingenieur alles besprechen. Und wenn ich Lust hätte, würde er mich morgen am späten Nachmittag zum Bärenansitz abholen. Und ob ich Lust hatte! Pünktlich wurde ich in Habovka vom Forstingenieur abgeholt und nun ging es ins Tal der Bären an den Nordhängen der Osobita. An einer der noch mit Schneeflecken bedeckten machten wir Halt, und weiter ging es nun zu Fuß zur Kanzel mit freier Sicht über die Wiese und zur bewaldeten Begrenzung. Ringsum herrschte Stille, nur das Murmeln des Baches neben der Kanzel war zu hören.

Oben vor uns am Waldrand lag ein Riss, dort erwarteten wir Meister Petz. Als die blaue Stunde in den Abend überging, tappte ein Bär Schritt für Schritt ins Freie auf den Riss zu und erhob sich auf die Hinterbeine – was für ein Bild von Lebenskraft und Behauptungswillen! Ich war ergriffen von dem Anblick den man wohl nur sel-

Bei der feurigen Balz der schwarzen Ritter setzt es Nagel- und Schnabelhiebe.

ten im Leben erfahren wird. Dann machte er sich am Riss zu schafen. Danach ließ er davon ab und trabte die Wiese herunter zum Bach, trabte langsam hindurch und verschwand in den Fichten. „Wir warten noch auf die Nachhut ... einen zweiten Bären, vielleicht kommt er zum Riss – wenn die Luft rein ist?" Doch es tat sich nichts, so baumten wir ab und fuhren wieder in mein Quartier in der Oberförsterei. Bei der Verabschiedung wünschte er mir „Lovu star!" – „Weidmannheil!" für morgen auf den Birkhahn!" Erstmals durfte ich im Revier Biely Potok den Zauber der Hahnenbalz erleben.

In meinem Buch „*Ein Jägerjahr*" berichte ich von meinem ersten Jagderlebnis auf den „Kleinen Hahn".

Mein Begleiter, ein junger Forstingenieur aus Biely Potok, und ich hatten hinter einem mit Fichtenreisig hochverblendeten Steinwall in stockdunkler Nacht Platz genommen. Rückseits Strauchwerk, vor uns die gut 150 Schritt breite, von einer schmalen, durchsichtigen Hecke durchzogene Wiese – so zeigte sich uns dieser Flecken Gebirgswelt am Tage: jetzt in der

Nacht verschloss er sich dem Auge. Als der frühe Morgen zu leben begann, plumpste vor uns ein Hahn auf den Rasen, doch zunächst verhielt er sich mucksmäuschenstill. Nach einer ausgiebigen „Räkelpause" gab er endlich den ersten Blaser von sich ... der Laut schien von weiter her zu kommen. Tatsächlich, und jetzt antwortete unser Hahn mit giftigem Fauchen – und schon war es ein Stimmen-Duell, unterbrochen von heftig girrenden Flattersprüngen. Als Licht in dieses Spiel kam, erkannte ich, kaum 20 Meter entfernt, einen prächtig gefärbten Hahn – und hinter der Hecke hüpfte – sprang – kreiselte – blies und kullerte sein „Ebenbild". Wer von den beiden Sängern gab nun den alles entscheidenden Ton an, wer hielt den ersten Rang? Das galt es jetzt herauszufinden!

Mein Begleiter wartete entweder auf weitere Hähne, oder er war sich ebenfalls noch nicht schlüssig, wer von den beiden Kämpen den Stärkeren abgab.

Doch bald wussten wir's. Mit ein paar Hupfern landete unser Hahn vor der Hecke, huschte hindurch – und da begann das Theater: Schwingenklatschen, Anspringen und Umherwirbeln wechselten mit Blasen und Kullern ab – bis der eine Hahn plötzlich den Kampfplatz verließ, forttrippelte und zusammengeduckt seine Niederlage herauskullerte. „Das ist er!" versicherten wir uns mit freudiger Mine. Nun hieß es aber: entweder für die Flintenläufe den Unerreichbaren anzupirschen, oder am nächsten Morgen wieder hier zu sitzen. Mich reizte die List – ein Bick zu meinem Begleiter: ein Kopfnicken … und ich nahm die Flinte, griff den bereit liegenden Fichtenschopf, schob mich aus der Deckung heraus und rutschte Stück für Stück auf dieHecke zu. Nach wenigen Metern spürte ich's feucht an Knien und Ellenbogen, und an der Hecke war kein trockener Faden mehr an mir. Doch das Schwierigste stand noch bevor: rechter Hand triumphierte der Platzhahn, etwas links davon schmollte sein Herausforderer. Noch 10 … 15 Meter, das müsste genügen, dachte ich. Kullerte und blies der wachsame Wiesenkobold, schob ich mich wieder ein Ende vorwärts. Plötzlich kam mir der Gedanke: Wenn nun einer von den beiden plötzlich abreiten würde …? Nur das nicht – nur weiter über den holprigen Rasen! – sagte mir meine innere Stimme … .

In der rechten Hand begann der Wisch zu zittern, eiskalt wie die Flintenläufe war die linke Hand … weiter ging's nicht mehr. Über einen Querast schob ich die Läufe in Richtung Hahn, hoffend auf ein paar kleine Hupfer her zu mir … doch es blieb beim Kullern – vorerst.

Reglos lag ich in einer flachen Rasenmulde. Käme jetzt ein aufscheuchender Flattersprung, dann wären wir beide erlöst – dachte ich und so wünschte ich mir's.

Und siehe da: der immerfort schluchzende Hahn tat mir den Gefallen, denn in den Althahn neben mir kam plötzlich Bewegung – vielleicht

hatte eine Henne ihn gereizt? Mein „Erwählter" verstummte mit einem Mal, reckte sich blasend hoch, zeigte mir seinen Schild und hüpfte zu alledem den Schrotrohren entgegen. Im Schuss versickerte sein Lied im grauen Frühlicht … . Wie erlöst von einem starken Reiz, ließ ich den Fichtenast aus der verkrampften Hand gleiten, sprang auf, stolperte förmlich in glücklicher Entspannung dem Hahn zu, strich über seine langen, breiten Sicheln und versank in eine traumhafte Freude.

Zurück in der Försterei feierten wir die Erlegung des „Spielhahns aus den Vorbergen der Tatra". Auch der Jagdverantwortliche des Forstbezirkes Namestovo gratulierte mir telefonisch mit einem kräftigen „Lovu Zdar!" Und dann machte er mir ein unerwartetes Angebot: Wenn ich noch ein paar Tage bleiben möchte, könnte ich auf der Südseite der Hohen Tatra auf den Vazecer Wiesen die Birkhahnbalz erleben. Ich könne im Vazcer Jagdhaus auf der Wiese am Hotel wohnen. Auf der Anhöhe hinter dem Jagdhaus fände ich einen Schirm.

Für diese unerhoffte Einladung bedankte ich mich sehr und nahm sie hoch erfreut an. Von Habovka aus fuhr ich nun dorthin und fand alles vor wie am Telefon beschrieben.

Nachdem ich am Nachmittag die Jagdhütte bezogen hatte, spazierte ich durch die hügeligen Wiesen und fand auch den Ansitzschirm. Dort saß ich nun mehrere Morgen an und erlebte eine hier eine zauberhafte Birkhahnbalz. Von diesem Frühlingszauber konnte ich nicht genug bekommen – und das im Angesicht der hohen Tatraberge.

In den nächsten Jahren gab es im Frühjahr für mich kein anderes Ziel als die Vazecer Wiesen in der Hohen Tatra. Und stets wurde ich belohnt mit beglückenden Balzerlebnissen. Den Frühlingstanz der Kleinen Hähne in einer traumhaft schönen Gebirgslandschaft zu erleben, bedeutete für mich höchstes Glück.

Frühlingstanz im Hahnenrevier

Im Aschauer Hahnenrevier, in den Kitzbüheler Alpen hoch oben auf den Hochalmen, war ich auf den Kleinen Hahn eingeladen. An einen Bergfrühlingstag – die Zhochalmen waren längst schneefrei – fuhr ich mit meinem Freund Adi aus dem Brixental früh am Nachmittag ins Tal – bis es „Endstation" hieß für das Auto. Wir schulterten unsere gut gepackten Rucksäcke, hängten Büchse und Flinte quer darüber, fassten die Bergstöcke – und los ging es. Zuerst durch den Bergwald, der noch Schneeflecken festhielt, dann über den mit Krokussen übersäten Almboden hinauf zur Almhütte, unserem Quartier für die nächsten Stunden. Hier oben angekommen, richteten wir uns erst einmal gemütlich ein und heizten den Herd tüchtig ein. Nach diesen Vorbereitungen inspizierten wir den Balzplatz und den Schirm, von dem aus wir das Spiel der Birkhähne beobachten wollten.

Das Wetter hielt, was es versprach: es blieb trocken, und der bewölkte blaue Himmel gab die entfernte Bergkulisse frei.

Nach der Rückkehr zur Hütte hielten wir erst einmal Brotzeit. Adis selbst geräucherter Speck – eigentlich war er als Schinken zu bezeichnen – schmeckte köstlich wie immer. Dazu das Bauernbrot mit selbsgebutterter Tiroler Butter – mmm!

Nach der Jause schwatzten wir über die Jagd in den Bergen und über Adis Jagderlebnisse in seinem Osttiroler Revier. Die Zeit bei diesen Gesprächen wurde uns nicht lang…. Auch besprachen wir eine geplante Tour mit Hans'l, dem Bauern vom Umbaltal auf den Großvenediger. Mit heißem Tee ließen wir den Abend ausklingen und Adi erzählte über die Lebensweise und die Jagd auf das Kleine Waldhuhn – das Alpenschneehuhn. Am nächsten Morgen wollten wir in aller Hergottsfrühe unseren Platz

Ein köstlicher Balzmorgen – glücklicher Treffer, hinter dem Felsen nahm ich den Hahn auf.

im Schirm beziehen. Aus tiefem Schlaf weckt mich ein knarrendes Geräusch, das ich nicht deuten kann. Ich wecke Adi, der sofort im Bild ist: ein Steinhuhn sitzt auf dem Zaun, der die Hütte umgibt, es „räuspert" sich, und gibt dabei diese knarrenden Laute von sich….Vielleicht ist das ein gutes Omen für den kommenden Balzmorgen, denke ich. Schlafen wir weiter, noch ist es stockfinstere Nacht. Warten wir auf den Weckruf! Dann, am frühen Morgen – noch ist es dunkel – schütteln wir den Schlaf aus den Gliedern. Nach kurzer Wäsche wird der Ofen angeheizt, bald kocht das Teewasser, und nach dem kleinen Frühstück verlassen wir warm angezogen die Hütte. Doch nun geht es flott hinaus in die Finsternis des noch nächtlichen Morgens und auf kurzem Weg zum Schirm. Hier machen wir uns jagdlich zurecht, die geladenen Gewehre lehnen sicher an der Verstrebung des Schirms. Langsam löst sich die Nacht auf, die Sterne verblassen, die fernen Berge bekommen Farbe, der Wald wirft seinen schwarzen Mantel ab. Vor uns ein Felsblock und dahinter die freien Almwiesen ... und wir hocken im klapperkalten Versteck und starren auf den noch leeren Balzplatz. Schweigend erwarten das erste Zeichen eines Birkhahns .... Hier auf grauem Grund vor uns wird bald das große Frühlingsfest beginnen. Und wenn die Sonne steigt, wird sich der Tanz auflösen, nichts wird dann mehr daran erinnern, daß Minuten zuvor hier eines der köstlichsten, aufregensten und schönsten Schauspiele stattfand, das die Natur zu bieten hat. Ob der erste Hahn schon erwacht ist? Ob er sich räkelt und beutelt, sich unruhig aufrichtet und wieder duckt?

Ich bin in Gedanken versunken – da meldet sich die erste Lerche – haben die Kiebitze sie aufgeweckt? Und schon vertreibt ihr Gesang die Nacht .... Da – höre ich recht? Mit einem Mal ein schwirrender Flügelschlag und ein erster „Plumser", ganz deutlich zu hören: der erste Hahn ist eingefallen. Weit links von uns muss der schwarze Sichelritter sitzen – still zusammengeduckt oder stolz aufgerichtet? Oder schreitet er schon herum, ohne sich mit ein paar Blasern bemerkbar zu machen. Doch jetzt regt er sich, rüttelt sich zurecht, plustert das Gefieder auf, als wolle er sagen: „Der Morgen ist da! Das Turnier kann beginnen!"

Inzwischen taucht hinter den Bergen die Sonne auf, schiebt sich unmerklich höher und höher. Mit strahlendem Antlitz schaut sie dem ritterlichen Spiel zu, das vor ihr auf dem Balzplatz entfesselt wird. Den Hahn hält nun nichts mehr auf – mit einem ersten Fauchen eröffnet er den Reigen und so löst sich die Spannung!

Wer diesen Sonnentanz kennt, weiß, welch unvergleichlicher Zauber über solch einer kleinen Szene liegt: „Tschuchui!" klingt es zu uns herüber ... „Tschuchui!!"

Die Antwort lässt nicht lange auf sich warten – ein etwas weiter entfernt eingefallener Nebenbuhler schickt ihm sein Zischen entgegen. Und dieses Mal hart schwirrt es an uns vorüber... mit einem Plumpser fällt vor unserem Schirm der nächste Hahn ein. Ohne viel Federlesens macht er mit kräftigen Blasern auf sich aufmerksam. Diese Herausforderung nimmt der Erste sofort an, zischt, was das Zeug hält und flattert mit hellen Girren umher.

Noch ist das alles „Spiel" im Verborgenen, Einstimmung für den Tanz auf dem großen Schauplatz.

Doch nun wird es vor uns so richtig lebendig: wie traumhafte Schattenwesen erscheinen die aufgeplusterten, schwarz-weißen Kerle. Zischend fahren sie hoch, springen girrend und flatternd auf, drehen sich kullernd im Kreis und trippeln aufeinander los....

Der Hahn, der kaum 30 Gänge vor uns faucht und kullert, scheint es mit der Bekanntschaft des Platzherren sehr eilig zu haben. Mit raschen Flattersprüngen bringt er sich zu ihm in gefährliche Nähe. Jetzt zischen und krugeln sie sich an – springen, dass es nur so klatscht, sind plötzlich ein Federknäuel, wirbeln umher und lassen wieder voneinander ab. Mit gespreizten Schwingen und breit gefächertem Stoß trippeln

Der Frühlingstanz der Kleinen Hähne auf den Vazecer Tatrawiesen bedeutete für mich höchstes Glück.

sie auf und ab, drehen und wenden sich, zeigen herum stolzierend ihre Sichelpracht und die großen mohnroten „Rosen" über den Augen, bis die Balgerei von neuem beginnt und es Nagel- und Schnabelhiebe setzt.

Etwas abseits, doch mit wachen Augen übt sich der dritte Hahn mit Blasen und Rodeln und mit Luftsprüngen. Ein „Schneider" ist's, der noch nicht viel zu sagen hat in der Runde. Die Streithähne indes balzen feurig weiter um die Gunst der braunen Schönen, die in der Nähe das Schauspiel aufmerksam verfolgen.

Der an Stärke dem Platzhahn kaum Nachstehende lässt nicht locker ... immer wieder bläst und kullert er sich in den Angriffstaumel hinein. Plötzlich streicht einer der beiden stolzen Hähne auf und davon – um mit ruhigem Flug in unserer Nähe auf dem Felsbrocken zu fußen. Hier beginnt er erneut zu blasen, um den Platzhahn zu zeigen „Ich bin auch noch hier!"

Da greife ich vorsichtig nach der Flinte, und als er sich aufrichtet, schiebe ich den Lauf durch das Guckloch, ziehe den Kolben an die Schulter – jetzt hockt der Hahn still – ich fasse ihn mit dem rechten Lauf.... Im Knall sehe ich nichts mehr vom Hahn, auch kein Fortschwirren – die anderen Hähne sind alle abgestrichen.

Doch mich hält nun nichts mehr – hinaus aus dem Versteck... und mit kräftigen Schritten erreiche ich den Felsen – und dahinter liegt mein Hahn! Ich nehme ihn aus dem Gesträuch und streiche über seine Sicheln.

Adi steht neben den Schirm, er jubelt, als ich den Hahn hoch halte. Der Hahn erhält den Wacholderbruch in den Schabel und der Schütze ein kräftiges „Weidmannsheil!" von seinem Freund Adi.

Eines Tages wird „mein Hahn" als vergegenständlichte Erinnerung neben dem Schneehuhn über meinem Schreibtisch hängen.

Beim Frühstück erzählte mir mein Freund Adi vom Alpenschneehuhn und seiner Bejagung.

Das Alpenschneehuhn – das kleine Waldhuhn und seine Bejagung

Das Alpenschneehuhn gehört zu den Rauhfußhünern, es wird auch das „kleine Waldhuhn" genannt und ist etwas größer als ein Rebhuhn. Im Sommer hat der Hahn ein graues Gefieder, die Henne ein braunes, die Schwingen sind weiß. Im Winter sind beide weiß mit Ausnahme vom schwarzen Stoß, und den über den Augen kleinen roten Rosen. Beim Hahn zieht sich vom Schnabel ein schwarzer Streif, „Zügel" genannt, bis über die Augen hinaus.

Schneehühner sind Brutvögel in der Felsstufe der Alpen. Sie leben über der Baumgrenze in bis zu 3400 Meter Höhe, und zwar besonders gern in der Nähe von Schneeresten, auf Geröllhalden und mit Krummholz bewachsenen Hängen. Der Hahn ist nur zur Balz und zur Brutzeit bei der Henne. Die kleinen Waldhühner leben sehr gesellig, und mit knarrendem Geräusch streichen sie stets geradeaus. Am Boden bewegen sie sich mit schnellen Trippelschritten. Im Winter ziehen sie in kleinen Trupps, Flüge genannt, von 4 bis 10 Hühnern bis zur Baumgrenze herab. Sie überwintern in selbst gegrabenen Schneehöhlen, bei Schneefall lassen sie sich einschneien....

Im Frühjahr im März/April zur Zeit der Balz lösen sich die Hähne aus den Wintergesellschaften und besetzen eigene Territorien. Der auffallende Balzflug ist begleitet von rauhen, knarrenden Balzrufen, unbrochen von Flattersprüngen. In Österreich nennt man den Balzlaut des Hahnes „knarren" oder „ratschen".

Hahn und Henne bleiben ein Leben lang zusammen. Sie leben oberhalb der Baumgrenze, steile Bergseiten mit Felsen werden bevorzugt. Die bis zu acht Jungen bleiben bis zur nächsten Brut bei den Altvögeln. Feinde sind Steinadler, Fuchs, Marder und Hermelin. Während der Nacht ver-

*Mit Adi auf Schneehühner in den Bergen
der Tiroler Verwallgruppe.*

kriechen sich die Hühner in steile Lehnen unter Steinen, wo sie gegen Wind, Sturm und gegen Raubwild geschützt sind. Im Winter betragen die Flüge bis zu 20 Hühner. Im Sommer teilen sich die Paare das Revier. Nicht selten sind sie in Gesellschaft mit Steinhühnern anzutreffen. Die Jagd, Ansitz und Pirsch sind bei leichtem Nebel erfolgreich. Vom Hahn kommt der Lockruf. Bei Gefahr streicht er ab und lockt von anderer Stelle wieder, oft die ganze Nacht hindurch. Früher wurden Schneehühner wegen des zarten Wildbrets gejagt.

An Geröllfeldern, wo sich die Hühner zum Ruhen eingeschoben haben verhört sie der Jäger am Abend. Am Morgen locken sie von dort und verlassen ihre Deckung, um zu äsen. Oft versammeln sich mehrere Hühner an der

Diorama mit den drei erlegten Schneehühnern.

Äsung an Sträuchern mit Knospen. Dabei sind sie sehr wachsam, meist warnt ein „Aufpasser". Um abends die zum Ruhen eingefallenen Hühner nicht zu stören, sucht man am Abend zum Verhören rechtzeitig die ausgewählten Ansitzplätze auf.

Um am Morgen zur Jagd lange Anmarschwege zu vermeiden, übernachtet man zweckmäßigerweise in einer in der Nähe gelegenen Jagd- oder Sennhütte. Der Jäger schießt die Hühner entweder mit der kleinen Kugel oder mit kleinem Schrot (Vogeldunst).

Da die Schneehühner besonders am Morgen sehr aufmerksam sind, streichen sie bei geringster Störung – auch durch den Jäger – sofort ab. Dort wo sie einfallen und wieder locken, kann der Jäger sie wieder anpirschen. Schneehühner sind in Österreich lt. Abschussplan jagdbar aber in geringer Stückzahl. Möglich, doch gefährlich ist die herbstliche Suche mit Vorstehhunden in Gebirgslagen von 1500 – 2000 m. Die Schusszeit beginnt am 15. November und endet am 31. Dezember.

Gejagt wird das Alpenschneehuhn heute lediglich noch um Präperate herzustellen. Für ein Diorama mit Schneehühnern in ihrer natürlichen Umgebung jagte ich mit Adi im Revier Mathon, nahe der Friedrichshafener Hütte in den Bergen der Tiroler Verwallgruppe in 2138 Metern Höhe beim Morgenansitz auf der Mutteralpe und erlegte im Spätherbst 2011 mit Schrot drei Schneehühner, die am Morgen ihre Schneelöcher verlassen hatten und zum Äsen an die Sträucher trippelten.

4
Das steile Umbaltal in Osttirol

*Am Iselbach
hoch hinauf zur Clarahütte.*

Murmeltier-Jagd in der Tiroler Bergwelt

Nach der Spielhahnbalz im Frühjahr hieß es zu Ende des Sommers: ... „komm nach Tirol, die Murmel warten auf dich!"

Wieder erhielt ich von meinem Freund Adi eine Einladung, dieses Mal zur Murmeltierjagd im Brixener Tal und in seinem Revier in der Osttiroler Bergwelt. Also hieß es eines Tages: Hinauf zu den Mankeis !

Auf der Choralm

Zur Choralm im Brixener Tal wollten wir aufsteigen, ins Kar der Mirmeltiere. Anfang September war's, und über Nacht – mitten in den späten Gebirgssommer hinein – meldeten sich die ersten Vorboten des Winters zu Wort: der Wilde Kaiser hatte ein weißes Kleid bekommen.

Hansl, mit dem ich ins Hochkar aufstieg, deutete mit seinem Bergstock hinüber zum Kaisergebirge und meinte mit heller Miene:

„Ein guter Jagdtag heute: graublau der Himmel und still und trocken, da sind die Mankeis über der Erde. Auf der Choralmhütte, dort ist Jausenzeit, steigen wir zu! Dann geht's ans Jagen!"

Kaum dass Gewehr und Rucksack auf der Hüttenveranda lagen, zog Hansl mich fort: „Nimm dein Glas und komm runter zum alten Ferch, von da sehen wir hinein ins Herz des Mankeireichs". Und wie dort im Hochtal unterm Chorstein das Herz schlug! Zwischen Fels und Rasen watschelten die Bergkobolde umher, verhofften, hockten da wie die Hasen, kamen auf die Hinterläufe, erstarrten zum Pfahl, ließen sich wieder fallen, und huschten in den Bau zurück, um nach einem Weilchen wieder aufzutauchen. Dann ein Pfiff – ein durchdringender Schrei – und allesamt flüchteten be-

....

Berghütte inmitten der Einstände der Schneehühner.

hende unter die Erde. Zwei Kolkraben ließen sich durch den Kessel treiben – Störenfriede am frühen Vormittag.

„Hier ist alles beieinander", erklärte mir Hansl, „unten die Winterbaue, etwas höher am Hang im Trümmergestein die Sommerröhren. Die Mutter- und Winterbaue liegen nach Süden hin; oben im Mittagsschatten die Sommerbaue und Notröhren – denn vor allzu großer Hitze fliehen die Murmel. Drüben auf der Talkaseralm haben wir vor 25 Jahren zwei Hände voll Mankeis ausgesetzt, glaubten dort den richtigen Ort gefunden zu haben, und es ging so halbwegs mit ihnen voran. Doch dann geschah etwas Unerwartetes: sie wanderten ab. Stück um Stück überstellten sich die Mankeis zur Choralm hin. Ganze fünf Jahre brauchten die Murmel für die drei Kilometer – und nun ühlen sie sich richtig wohl hier – größer und größer wurde die Kolonie." Hansl stieß mich an: „Komm, gehen wir zurück zur Hütte, zum Stärken!" Nichtstrieb uns, wir nahmen die Zeit beim Schopf und gingen großzügig mit ihr um, ließen uns verführen vom morgendlichen Zauber der Alpen. Unten im Kar die Murmel, uns zu Füßen der riesige Talkessel von da zog es sich hinauf zum Gambenkogel und drüben ganz in Weiß der Wilde Kaiser. Die Natur schläft in den Steinen, lebt in den Bäumen und trägt in den Bächen die Zeit mit sich fort.

Mit einem Mal kam Leben in den Hansl, er drängte zum Aufbruch: „Machen wir uns auf den Weg, die Murmel warten auf uns." Am Ferch zeigte er auf einen lang gestreckten Felsen: „Dort ist dein Platz. Geh' glatt drauf zu, denk an den hellen Nasenfleck – Weidmannsheil!" Bedächtig stieg ich in den Stein- und Wiesenkessel hinab – jeder Schritt war Jagd – verflogen die beschauliche Ruhe. Hinter dem Felsblock hockte sich's gut. Geradewegs vor mir im Rasen ein graubrauner Hügel. Wenig darüber neben einem Felsbrocken sah's auch danach aus: heraus gegrabene Erde vor den Röhren der Baue. Nun hieß es warten.... Geduld haben – doch voller Aufmerksamkeit sein, denn jeden Augenblick konnte das eine oder andere Murmel auftauchen.

Und schon - eins - zwei - drei – saß oben ein Mankei vor der Ausfahrt. Flugs verschwand er im Gewirr der Steine. Wenig später kam er wieder zum Vorschein, hockte sich auf eine Felsplatte hin. Den Kopf vorgestreckt, saß er da und rührte sich nicht von der Stelle. Das zusammen geduckte Murmel fesselte mich so sehr, dass mir sein Vetter weiter unten fast entgangen wäre. Auch er hockte vor der

Der alte Murmelbär erhielt einen „Almrosen-Bruch" ins Geäse.

Murmelbär mit lang durchgewachsenen, gebogenen Nagern. Ganz was Seltenes.

Hals zwischen den Vorderläufen angefasst. Das Murmeltier sank im Schuss zusammen.

Von drüben vom Hang kam Hansels Juchschrei – dann beim Betrachten des Murmels ein Staunen: Die Nager waren lang durchgewachsen und scharf gebogen. „Ganz was Seltenes!" wiederholt Hansl mehrmals. Ich freute mich über beides: den Murmelbär mit den geschwungenen Nagern und über Hansl's Almrosenbruch.

Unter der Clara-Hütte

Das Wetter hatte sich zum Besseren gewendet – was der Vormittag versprach hielt der Nachmittag – Toni musste es wissen: „Fahren wir hoch zur Eckalm", rief er mir zu. „Von dort schaffen wir den Aufstieg bis zum späten Nachmittag." Gesagt, getan – ich schlug nicht aus, packte den Rucksack. Recht spät war's schon, als wir das Murmelkar erreichten, doch die Bergtrolle schienen sich noch nicht zur Nachruhe zu rüsten, sie watschelten durchs Gras und hockten auf Felsen herum.

Röhre, als ob ihn die Welt nichts anginge…. Fest im Glas hatte ich den braunen, molligen Nager mit dem hellen Geäse und der dunklen Stirn. Ein drittes Murmel gesellte sich hinzu, watschelte an meinem „Bauhocker" vorbei… suchte hin und her….

Mein Blick ging mal nach oben, dann wieder zum vor mir hockenden Mankei. Ganz schön aufregend, alles im Auge zu behalten, denn blitzschnell kann sich aus der Ruhe lebhaftes Treiben entwickeln! Und… kaum gedacht – wie von einer Tarantel gestochen – fuhr mein Steinmurmel hoch und ließ sich vom Felsen fallen – fort war es! Der Faulpelz hier unten vor der Röhre sah das nicht als Störung an, er blieb sitzen Vor mir auf weicher Unterlage die Hornetbüchse – die Versuchung ob der langen Warterei war groß: Sollt' ich's wagen oder…? Da richtete sich das Murmel auf und zeigte mir die volle linke Seite – und wie ich durchs Glas mein Ziel suchte, fiel es wieder zusammen… „Alle Wetter!", dachte ich, „jetzt fehlt nur noch kehrt und ab in den Bau zurück oder mit raschen Watschelschritten hinab ins Grüne." Da – ein Pfiff – und hoch war das Murmel. Ein Griff um die Büchse und Stechen und unterm

Präparat der „Alten Katz" mit tieforangenen Nagern.

Toni wusste wohin, wir liefen zu – schon gellten die Pfiffe – und leer war das Kar. Ohne von den weghuschenden Mankeis Notiz zu nehmen, strebte Toni einer ins Auge gefassten Felspartie zu. Dahinter bauten wir uns auf. Nach einem Weilchen, als sich nichts um uns herum tat, flüsterte Toni mir zu: „Wir sind wohl doch ein wenig zu spät dran – aber was hilft das jetzt …"
Da – ein Pfiff und danach ein gellender Schrei – und leer war das Kar. Ohne von den weg huschenden Mankeis Notiz zu nehmen, strebte Toni nun einer Felspartie zu. Dahinter bauten wir uns auf. Wieder tat sich ein Weilchen um uns herum nichts … – doch plötzlich ein Pfiff! Danach ein gellender Schrei – aber so sehr wir uns anstrengten, wir konnten kein Murmel entdecken. Wenig später stieß Toni mich an: „Eine Katz muss gepfiffen haben – siehst du die beiden Affen auf dem Stein?" Zusammengekauert hockten sie da und rührten sich nicht. Vor uns auf dem Rasen tat sich nichts. Oben zeigte sich mit einem Mal die Mütterin, verschwand aber sogleich wieder. Wie unser Blick von den Halbwüchsigen zurück glitt, streiften die Augen ein kerzengerade sitzendes Murmel. Wie aus dem Boden gewachsen, aufgerichtet saß es da und äugte in unsere Richtung. Schon hatte Toni das Glas an den Augen, dann tippte er mich an: „Alter Bär oder alte Katze – nimm die Büchse!" Vorsichtig schob ich das Gewehr auf den zusammen gelegten Mantel und fasste das Murmel zwischen die Vorderläufe … Patsch! – und Zusammensinken … und Toni klopfte mir auf die Schulter: „Besser konnt's nicht zugehen! „Weidmannsheil!" und er überreichte mir den ersten Wacholderbruch.
Wenig später hob ich das Murmel aus dem Gras: eine alte Katz, ungewöhnlich stark, tieforange die Nager.
Als wir dann vom Kar hoch stiegen, lagen die Tauern im Abendlicht – und in den Gelsenbergen herrschte steinerne Ruhe.

Die Murmel vom Osttiroler Umbaltal

… Es ist eine sternklare Nacht … kein Lufthauch … nur der Wildbach rauscht zu Tal. Bedächtig, Schritt für Schritt steigen wir bergan, das Umbalbachtal hinauf. Dort, wo das Tal sich öffnet, der Bergwald zurück bleibt – das erste Frühlicht. Und an der Jägerhütte die Sonne, die die Gipfel erstrahlen lässt. Und drüben zum Tabereck hin – die ersten Murmel. Hinüber geht's über die Seilbrücke des Gletscherbaches zur Einerlehne, wie die breite Felsrinne genannt wird. Ein Blick durchs Glas: lebhafter Murmelbetrieb herrscht da oben – Groß und Klein – alle sind auf den Läufen.
„Wir müssen am Bach entlang die Lehne umgehen und über den Felsrücken an die Baue heran …" gibt mir Adi zu verstehen, „von unten herauf ist's zu gewagt." Und so gehen wir weiter den Hirschsteig am Bach entlang, außer Sicht der Baue am Grashang hinauf, dann die Felswand entlang und schieben uns Meter um Meter den Ausblicken zu – und mit einem Mal haben wir die ganze Murmelei im Blick!
Hin und her wuseln die Jungen, die Halbwüchsigen verschwinden im Bau, stecken neugierig die Köpfe wieder hervor, fahren zurück und schießen dann plötzlich heraus! Uns am nächsten ein richtiges Zotteltier – hockt aufgeplustert da, zwischen den Nagern ein Bündelchen Heu. Und da – auf der Steinplatte: ein Riesenmurmel – ein Wachposten! „Siehst du den dunklen Fleck mitten auf dem Balg?" flüstert Adi. „Ein alter Bär ist's – über Jahre kenn' ich ihn schon. Rutsch noch ein Stück vor und beuge dich über den Felsen – dann wird's passen!"
Gut gemeint – leicht gesagt, denke ich und schiebe mich langsam vor … unheimlich wird mir dabei. Als ginge es kopfüber in die Tiefe. Ich will zurück – doch Adi hat meine Füße

fest umklammert.... So muss es denn sein; so gut es eben geht, rücke ich die Büchse zurecht. Doch das Fadenkreuz im Glas tanzt im Kreis um das Murmel herum. Mein einziger Gedanke jetzt: „raus mit dem Schuss!" Eine winzige Fingerbewegung – bautz! – und fort ist das Murmel. „Glatt vorbei! Drüben im Fels kannst du die kleine Kugel suchen...", hör ich's hinter mir brummen. Doch der alte, grauweiße Bär geht mir nicht aus dem Sinn. Anderntags am frühen Vormittag nehmen wir wieder hinter unserem Warter Platz. Gamswild zieht vorüber und zieht unsere Gedanken auf sich. Und mit einem Mal wird die Murmelwelt lebendig   Jung und alt – alle zeigen sich vor den Bauen und wuseln emsig umher... nur nicht der gesuchte, grauweiße Bär. Doch plötzlich kommt er zum Vorschein, aber weiter oben

....

Auf schmalem Steig ins Reich der Murmel.

am Hang und viel zu weit für einen sicheren Schuss. Der alte Bär macht keine Anstalten herunter zu watscheln, er bleibt wo er ist. Also heißt es: warten....

Da macht mich Adi auf ein anderes Murmel aufmerksam – seitwärts nicht weit von uns hockt eine alte Katz ohne Nachwuchs.... „Rücke dich mit der Büchse zurecht..." Und als sie sich aufrichtet und mir die volle Vorderseite zeigt, berühre ich den eingestochenen Abzug.... Im Schuss sinkt das Murmel zusammen.... Einen Almrosenbruch bekommt die alte Katz mit den dunkel gefärbten Nagern in den Äser. Und mit dem Bruch am Hut geht's zurück zur alten Sennhütte.

Als vergegenständlichte Erinnerung hockt das präparierte Murmel mit Namen „Gerda" neben meinen Schreibtisch; gern denke ich bei seinem Anblick an die schönen Murmeltier-Jagdtage in Osttirol.

Jagd auf Sommergamsen in Tirol

Mit starker Gams nach langer Stehpirsch durch Felsgewirr endlich an der Hütte.

Den Tiroler Jäger Adi lernte ich in der „Wendezeit" kennen, wir wurden bald gute Freunde. Er lud mich ein in sein Pachtrevier nach Tirol zu kommen, um dort auf Gamsen zu jagen und auch zur Murmeltierjagd.

Bei einem seiner Freunde könnte ich auch auf den „Kleinen" und den „Großen Hahn" jagen.

Er selbst wollte gern die Jagd auf Sauen bei uns zu Hause erleben – und diesen Wunsch wollte ich ihm gern erfüllen.

Nicht jeder Jäger freut sich auf die Jagd auf Sommergamsen. Viele Jäger glauben, zur richtigen Gamsjagd gehören Schnee und Eis. Aber die winterliche Bergwelt hat ihre Tücken. Schon mancher Gamsjäger verlor sein Leben in einer vereisten Steinrinne. Aber auch die Sommerjagd stellt strapaziöse Anforderungen an den Jäger. Weibliches Gamswild bezieht seinen Sommereinstand meist in großen Rudeln am höchsten Grat. Alte, nichtführende Geißen fungieren dann als Wachposten, und schon bei geringster Störung versetzen sie das Rudel in die Flucht. Werden die Rudel öfter gestört, wandern sie ab und kehren oft im selben Jahr nicht mehr zurück. Wird die Leitgeiß – eine alte mit viel Erfahrung – erlegt, splittet sich das Rudel in kleine Trupps auf, das ist im Winter von grossem Nachteil.

Mein Freund Adi erzählte mir nun von einem außergewöhnlichen Gamsjagderlebnis zur Sommerzeit in seinem Osttiroler Revier. Und so lud er mich ein, dort auch einmal auf einen starken Gamsbock zu jagen. Im späten Sommer fuhren wir also vom Brixental nach Osttirol. Das Auto stellten wir am Eingang zum Umbaltal vor der Hütte seines Freundes Hansel ab. Ein Lawinenabgang hatte dessen alte Hütte völlig zerstört. Aus dem Schutt geborgen hatte Hansel das erhalten gebliebene Kruzifix, das im Gastzimmer im Herrgottswinkel gehangen hatte. In der neu errichteten Hütte fand es nun wieder seinen Platz im Herrgottswinkel der Gaststube.

Der Bauer Hansel begrüßte uns herzlich und wünschte uns „Weidmannsheil auf den starken Gamsbock!" Mit der Büchse und leicht gepacktem Rucksack ging es anderntags das Umbaltal hinauf. Der Weg führte zunächst durch Fichtenwald. Als der Wald sich lichtete, gab er den Blick frei auf die Felshänge des Tales rechts und links des Iselbaches. An einer alten Sennhütte machten wir Halt. Auf den Berglehnen wuselten die Murmeltiere hin und her.

Eine Jägergruppe begegnete uns, sie hatten in einem höher gelegenen Revier gejagt, waren aber leider erfolglos geblieben. Sie wollten jetzt hinunter steigen zu ihrer Hütte im Talboden. Wir schulterten wieder Rucksack und Büchse,

nahmen die Bergstöcke und stiegen weiter hoch hinauf in Richtung Clara-Hütte. Oberhalb der Clara-Hütte, in der Region der Gamskare war das Reich des Gamswildes. Mein Tiroler Freund und ich überquerten nun den Graben, balancierten über die schmale Hängebrücke, und dann ging es hinauf zu den vergrasten Steilhängen, den Einständen der Gamsböcke. In den Grashängen wollte mir Adi einen starken Gamsbock präsentieren. Beim Steigen über die Geröllgrashalden entdeckten wir mehrere Böcke, die Adi aber mit Kennerblick als „zu jung für den Abschuss" einschätzte. So hieß es weiter Schritt für Schritt mit dem Bergstock vorsichtig längs des Grabens pirschen.

Da – Adis Wink: „Hinter dem Felsbrocken hier vor uns hocken wir uns hin. Von da können wir den Graben hinunter bis zum Bach einsehen. Vor den Felsen kann plötzlich eine Gams auftauchen, um nach der Mittagsruhe wieder zu äsen...".

Und so kam es auch, Adi wurde unruhig: „Siehst du drüben am Graben den rötlichen Fleck? Ja,

Mit Rucksack und Gewehr über die Hängebrücke balanciert.

*Im Anblick: Zwischen den Felsen
dann die ersten Gamsen.*

das ist der gesuchte starke Bock. Er muss nur näher heran wechseln... dorthin pirschen geht nicht, warten wir's lieber ab...". Da kam Bewegung in die Gams, langsam zog sie schräg zum Hang höher. Ich wartete angespannt, bis sie auf Schussentfernung schussgerecht stand. Meine Büchse, eine Mauser im Kaliber 308 Winchester, hatte ich auf dem Felsen rutschfest auf meiner Jacke drapiert, und im Zielfernrohr konnte ich die Gams erspähen. Das Jagdfieber hatte mich wieder gepackt und ich suchte die Gams im Zielfernrohr zu fassen.

Als ich den roten Punkt im Absehen gut hinter dem Blatt halten konnte, berührte ich den Stecher. Im Knall und Wiederhall sah ich die Gams stürzen, doch sofort kam sie wieder auf die Läufe und flüchtete Richtung Graben – und da verlor ich sie aus den Augen. Doch sie tauchte wieder auf, es mochten so um die 200 Meter weiter sein – und nun flüchtete sie den Hang hinauf. Den Fangschuss in Richtung Grat wollte ich nicht wagen. Doch da torkelte sie den Hang ein Stück herunter, und in diesem Moment konnte ich sie fassen. Im Schuss verschwand sie in der Graslehne....

„Dorthin müssen wir steigen" rief Adi mir zu, als er sich hinter dem Felsbrocken aufrichtete.

„Wir müssen nicht zurück zur Hängebrücke. Unten im Tal kommen wir in dieser Jahreszeit zu Fuß durch den Bach."

Nun kam der anstrengenden Abstieg... ohne Bergstöcke wäre er schwerlich zu schaffen gewesen. Auf der anderen Bachseite stiegen wir den Grashang wieder hinauf. In der Nähe des vermeintlichen Platzes, wo wir die Gams vermuteten, suchten unsere Augen gespannt nach dem Tier – Adi sagte: „Nimm die Büchse in die Hand und folge mir langsam nach!" Da gab er ein Zeichen: unvermittelt standen wir vor der Gams, die noch schlegelte – ich trat zur Seite und gab den Fangschuss auf den Trägeransatz. Es war eine Erlösung....

Wir traten an die Gams heran – Adi hob das Haupt und brach in einen Juchschrei aus: „Ein alter Bock – achtjährig..." sagte er nach dem ersten Abtasten der Ringe. Die Kugel hatte den Wildkörper kurz unterhalb der Wirbelsäule duchschlagen, deshalb ließ der Schock den Bock sofort zusammenbrechen. Doch nach Abklingen des Schocks kam er Bock auf die Läufe. Dann gingen wir mit der Last auf dem Rücken hinunter zu Hansels Berghütte. Dort empfing uns Altbauer Hansl und gratulierte mir mit einem kräftigen Weidmannsheil zu diesem braven Gamsbock. „Ein kleiner Schluck auf die erfolgreiche Jagd muss sein, auch wenn ihr noch über die Felbertauern nach Adis zu Hause im Brixental müsst!" Und schon stand der junge Sohn Hansl mit einem Tablett, auf dem vier Glaseln standen, am Tisch, und wir stießen mit einem fröhlichen „Horrido!" auf diesen Gamsbock an!

Die Alpinistengams

Der Weg der Leserreisegruppe aus Anlass *„50 Jahre unsere Jagd"*, die ich begleitete, führte zu den Gamsen in der slowenischen Hochgebirgswelt, in die Steiner Alpen. Nach der Fahrt durch den Karawanken-Tunnel tauchten in der Ferne die Gipfel der Steiner Alpen auf – die Kamnisko-Savinske Alpe, wie sie in der

Die Überraschung in der Sennhütte.

Landessprache heißen. Da hinauf in die Felswildnis des Kalkgebirges müssen diejenigen steigen und pirschen, die gut zu Fuß sind!

Als die Jagdführer ihre „Gäste" zur Abfahrt ins Revier riefen, war schon etwas „Jagdfieber" zu spüren. Denn nun ging es richtig los – zuerst im Jeep zur Jagdhütte im Landschaftspark „Logarska Dolina". In der Jagdhütte angekommen ging es, zum „Eingewöhnen" ohne Pause, zum ersten Reviergang in die Berge. Einer der Jagdführer drängte zum Aufbruch, zwei Jäger nahm er mit sich, für eine Übernachtung in den Bergen waren sie ausgerüstet.

Dann war jedem Jäger ebenfalls ein Jagdführer zugeteilt – sozusagen seinem „Zugpferd", das ihn hoch hinauf zu den Gamsen bringen sollte.

Ich blieb noch zurück und wartete auf Mariam. Er wollte mit mir am Nachmittag zur ersten Pirsch aufbrechen. Als er kam, bedeutete er mir, nur leichte Sachen und ein Sitzkissen im Rucksack mitzunehmen. Das blauklare Wetter würde halten bis zum Abend, und dann wären wir wieder zurück in der Hütte.

Vor uns dehnte sich die weite Wiesenfläche des Logartales aus. Wir überquerten sie, passierten den kleinen Wasserfall neben dem Hotel und stiegen den Bergweg bis zur ersten Berghütte hinauf. In der Rückschau breitete sich die Bergkulisse der Karawankenkette zur österreichischen Grenze hin aus. An der Berghütte machten wir kurz Rast. Dann ging es weiter über eine Schuttfläche, einen bewachsenen Hang hinan. Hinter einem Felsen zur Rechten, links vor uns lockere Latschenkiefern und Fichten machten wir Halt. Mariam bedeutete mir, auf meinem Sitzkissen Platz zu nehmen, den Bergstock in einer Steinspalte abzulegen doch so, dass ich ihn geräuschlos fassen und mit dem Gewehr zum Anstreichen benutzen kann.

Vor uns lag nun das von Fichten und Latschen durchwachsene Geröllfeld…. Hier sollten die Gamsen ruhen und nach dem Hochwerden in der sich anschließenden Grasregion zum Äsen aufhalten. Wir saßen und saßen, doch es rührte sich nichts. Da kündigte sich ein Wärmegewitter an. Wir traten den Rückweg zur ersten Hütte an und erreichten noch vor dem Regen das Jagdhaus im Tal. Am nächsten Vormittag wollten wir von dort zur ersten richtigen Pirsch starten. Unten angekommen, begann der Gewitterregen – es goss in vollen Zügen .....

Wir saßen zusammen mit anderen Jägern aus Österreich, die zur Mufflonjagd und zum Blatten hierher gekommen waren und nun das Aufhören des Regens abwarten mussten. Im Untergeschoss an der langen Tischtafel versammelten wir uns und ratschten über die Jagd in den Bergen hier und daheim.

Auch ich hatte eine zum Wetter passende Erinnerung zum Besten zu geben: Aus dem Jägerleben des österreichischen Forstwissenschaftlers ROUL VON DOMBROWSKI sei hier eine amüsante Episode wiedergegeben. Sein Sohn, der Jagdschriftsteller ERNST RITTER VON DOMBROWSKI, schildert sie in einer seiner Jagderzählungen.

Mit mehreren Jägern waren sie vom Riegeln auf Gamsen zurück gekommen und wurden von einem plötzlich niedergehenden Gewitter überrascht. Bald waren sie bis auf die Haut durchnässt. So zogen sie es vor, bei der tief gesunkenen Temperatur nicht bis zum Jagdhaus hinab zu steigen, sondern in einer nahe gelegenen Almhütte sich zunächst zu trocknen und eventuell auch dort zu übernachten. Die Hütte lag an einem stark begangenen Wege, der aus dem Rauriserthal in das kleine Arlthal hinüber führte.

Als die beiden Jäger eintraten, bot sich ihnen ein geradezu klassischer Anblick: Drei böhmische Harfenistinnen, die von Rauris nach Klein-Arl wandern gewollt hatten, waren in gleicher Weise wie die Herren vom Gewitter überrascht und ebenso durchweicht worden. Sie hatten die Hilfe der Sennerin in Anspruch genommen und

Der Alpinist seilt sich zu der in der Wand verhangenen Gams ab.

saßen beim Eintritt der Herren im unverfälschten „Eva-Kostüm" am qualmenden Herdfeuer, während die diversen Kleidungstücke an Leinen darüber hingen. Tableau! Die Herren stiegen nun nicht mehr zum Jagdhause hinab, sie zogen es vielmehr vor, ebenfalls in der kleinen Almhütte zu übernachten .....

Nach dieser kleinen Erzählung schmeckte uns nun das Bier umso köstlicher, und keiner der anwesenden Jäger hätte etwas gegen das plötzliche Auftauchen von durchnässten, jungen Touristinnen gehabt.

Am nächsten Vormittag war der Himmel wieder hell, und nun ging's in die Bergwelt hinauf. Mariam war pünktlich zur Stelle. Zunächst stiegen wir wieder bis zur Berghütte hinauf, dann über das Geröllfeld zum Ansitzplatz hinter dem bekannten Felsbrocken mit Blick auf Fichtenjungwuchs und Latschenkiefern. Vielleicht 30 Minuten mochten wir gehockt haben, da trat aus der Fichtengruppe etwa 40 Schritt oberhalb eine Gams heraus, stand stockstill und äugte umher.

Mariam hatte sie schon im Glas und gab mir zu verstehen: „Ein Abschussbock!" Dann bedeutete er mir, den Bergstock ganz vorsichtig zu fassen und die Büchse anzustreichen … „und wenn der Bock noch einen Schritt ins Freie macht, fasse ihn kurz hinters Blatt!" Und er trat heraus – stand völlig frei und breit, kein Ast störte – und im Knall raste der Bock stichgerade auf uns zu – aber vor dem Stein flüchtete er quer von uns weg in die Fichten und ins Krummholz. „Getroffen!" raunte Mariam zu mir zu, „warten wir, nur ein paar Schritte hinter dem Gehölz kann er linker Hand bereits verendet liegen!"

Mir wurde die Wartezeit unendlich lang … endlich erhob sich mein Jagdführer, und wir gingen zum Anschuss, kurz vor dem Felsen, hinter dem wir hockten: Schweißtropfen, ganz sicher Herzschweiß. Wir folgten der Schweißfährte nach bis zur Fichtengruppe neben dem Stein – dort müsste der Gamsbock verendet sein. Doch auch dort nur Schweiß – keine Gams. Der abgelegte Bayerische folgte der Wundfährte, doch am Steilhang stoppte er – weiter ging es nicht. Mariam war überzeugt: die Gams ist abgestürzt und liegt unten im Grund. Also umgingen wir die Wand und stiegen hinab – für mich weil ungewohnt etwas beschwerlich! Doch auch unten im Umkreis der vermuteten Absturzstelle keine Gams!? Als Mariam nun mit dem Glas die Felswand ableuchtete, hatte er die Gams sofort im Blick: beim Sturz hatte sie sich in einer vorgewachsenen Fichte verhakelt! Jetzt war guter Rat teuer. Da hinauf führte kein Steig, und die Wand war nicht zu erklimmen. Hier konnte nur ein Alpinist helfen! Doch schon hatte Mariam das Handy in der Hand und erklärte mir: „Ein Freund von mir gehört zur Alpinisten-Kernmannschaft von Slowenien. Er ist mit der Mannschaft soeben aus dem Himalaya zurückgekehrt. Er wohnt unten in meinem Dorf und ist jetzt zu Hause." Der Handy-Ruf ging durch, und das Gespräch kam zustande. Rasch war die Sachlage erklärt, und der Freund war bereit, sogleich zur Jagdhütte zu kommen, wo Mariam und ich ihn erwarteten. Zu dritt gingen wir nun zur Wand, wo sich die Gams verfangen hatte.

Mit einem Blick erfasste der Alpinist die Situation: „Von hier aus kann ich nicht einsteigen in die Wand. Ich muss mich von oben abseilen." Das bedeutete also: wieder hinauf zur Hütte und übers Geröllfeld an die Wand. Also aufi! Mariam ging mit dem Freund allein – ich sollte vor der Wand im Grund warten. Die Zeit ging langsam dahin, ich wartete geduldig auf ein Zeichen von oben aus der Wand. Endlich vernahm ich Geräusche: jetzt geht's los, dachte ich, und das Herz klopfte mir im Hals … .

Und da erblickte ich den Bergsteiger, der übrigens auch Jäger ist, durch das Gesträuch in meine Richtung kommen, die Gams am Seil. War das eine Freude! Mit „Weidmannsheil!" und „Weidmannsdank!" fielen wir uns in die Arme. Auf ein Zeichen des Alpinisten hin hatte Mariam das Seil gelöst, mit dem dieser sich abgeseilt hatte, und nun kam er nach langer Wartezeit auf uns Beide zu. Wie war die Bergung der Gams nun abgelaufen? Der Alpinist – bergsteigermäßig ausgerüstet – hatte sich zur Gams abgeseilt, hatte sie am Grind mit dem Seil fixiert, am Karabinerhaken befestigt und sich dann mit der Last die ca. 20 Meter in den Grund abgeseilt. In der Jagdhütte endete mit „Weidmannsheil" und „Weidmannsdank!" die aufregende Unternehmung „Gamsjagern und Gamsbergung in den Steiner Alpen".

Hoch hinauf zu den Gamsen

Im August 2008 hieß es wieder: „Leserreise der Zeitschriften des Landwirtschaftverlages" zur Gamsjagd in die slowenische Hochgebirgswelt, in die Steiner Alpen! Als in der Ferne die Gipfel der Berge auftauchten, sagte Reiseleiter Jens Focke vom Tangerhütter „Jagdreisebüro Adler Tours": „Da hinauf, in die Felswildnis des Kalkgebirges, müssen diejenigen pirschen, die gut zu Fuß sind!" Er sagte es ganz gelassen, als wär's ein Spaziergang. Doch im gleichen Atemzug besänftigte er die Gemüter: „Für die nicht mehr ganz jungen Jäger ist die Baumgrenze das Ziel …". Das beruhigte die Gemüter, denn von der 15 Mann starken Jägergruppe besaßen nur drei Gamsjagderfahrung, alle anderen wollten erst Erfahrungen sammeln.

In Kamnik, der Stadt am Fuße des Gebirges, wehte uns erstes Bergjagdflair entgegen: Darko Veternik, Direktor der 50 000 Hektar umfassenden Jagdwirtschaft, stellte zunächst die Jagdführer vor und danach die Gebiete, in denen gejagt werden sollte. Die Gesellschaft für Jagdwirtschaft „Kozorog" (Steinbock) ist mit 16 Revieren (davon sind 14 Gamsreviere) die größte staatliche Jagdwirtschaft Sloweniens. Gerühmt wird der sehr gute Gamsbestand. Alle Bergreviere haben den Ruf, zu den besten Gamsgebieten der südlichen Alpenregion zu gehören. „Alle unsere Reviere sind Spitze zum

Vom Logartal führt ein steiler Kraxelsteig ins Reich der Gamsen.

Gamsjagern", sagte mit einem überzeugenden Lächeln im Gesicht der sympatische Chef der Jagdwirtschaft.

Der Funke sprang über, das Einstimmungsessen im Kreise der slowenischen Jäger tat sein übriges. Als die Jagdführer ihre Gäste zur Abfahrt riefen, war schon etwas vom Jagdfieber zu spüren. Denn nun ging es richtig los – zuerst mit dem Geländewagen zu den Hütten, dann gleich weiter ohne „Schonzeit" zur ersten Pirsch in die Berge. Jetzt war jeder allein mit sich und seinem Jagdführer, seinem „Zugpferd", das ihn hoch hinauf zu den Gamsen bringen sollte ….

Eben in der Hütte „Kameniska Bistrica" angekommen, stand mein Jagdführer Iwan – nach bayerischer Lesart ein „gestandenes Mannsbild der Berge" in der Tür – und drängte zum Aufbruch. „Weiter Weg", sagte er, „erst fahren, aber dann: laufen, laufen, laufen", und zeigte dabei mit der Hand hoch in die Wände, „da ist „guter Gamsbock"! Die Wagentüren klappten zu, und ab ging es in das Revier.

An Ketten und auf Steigen in die Höhe

Am Lift war Endstation, weiter ging es nun zu Fuß erst einen Grashang entlang, dann hinunter ins Hochtal und wieder bergan. Und von dort wieder abwärts durch einen Latschenkiefernbestand. Dann in die Felsen hinein, an Ketten und Steigeisen auf den Grat und weiter immer weiter. Der Steig führte an einem Felsband entlang. Vor der Biegung nach links drückte sich Iwan fest an die Wand und griff nach dem Glas. Ein Ruck ging plötzlich durch seinen Körper, er drehte sich mir zu und flüsterte: „Der Gams, der Gams, guter Gams – 300 Meter – schießen!" Ich gab Iwan zu verstehen: „An der Felswand sich vortasten, das Gewehr von der Schulter nehmen, den Rucksack zurecht rücken und anstreichen – und vor mir der Abgrund – ausgeschlossen!" Da machte er

eine Handbewegung und war mit einem Satz in den Latschen verschwunden. Ich zögerte … Iwan kam nach wenigen Minuten zurück, fuchtelte mit den Armen und zischte halblaut: „Kommen, kommen, zum weißen Stein, dort ist bestes Platz!" Ich stolperte und rutschte über die Latschenäste am Boden, blieb mit dem Gewehr in den Zweigen hängen, bahnte mir mit den Händen Platz zum Durchkommen … endlich der Felsblock. Iwan spekulierte bereits nach der Gams. „Schnell, schnell! keine Zeit … sonst Bock weg", hauchte er mir voller Erregung zu. Also: Rucksack runter, auf den Felsen gelegt, Gewehr darüber geschoben, Arm auf ein Grasbüschel gestützt und durchs Zielfernrohr die Gams gesucht …. Schließlich hatte ich sie fest; äsend zog der Bock langsam höher. Als er sich hochreckte, um zu sichern, flüsterte Iwan mir zu: „Sehr weit, sehr weit – hoch, hoch". Ich hielt hoch … und – raus war

Eine starke Gams – der Lohn für die Kraxelei.

Die Jagdführer brachten alle Jäger der Gruppe erfolgreich auf eine Gams zu Schuss – und es gab nur zufriedene Gesichter am Trophäentisch.

der Schuss ...! Der Bock machte ein „Standerl", dann eine Wendung... er verschwand hinter Latschen, kam wieder hervor und verhoffte ... im Schuss ging er zusammen, kam ins Rollen ... eine Latsche hielt ihn fest.

Als wir mit der Gams auf dem Rücken den Grat erreichten, glühten die Berge im letzten Licht. Als wir an der Hütte ankamen, war es bereits Nacht – und das Erzählen wollte kein Ende nehmen ... .

Wenn auch den Jägern nach jedem Pirschgang die Anstrengung ins Gesicht geschrieben stand – alle erzählten begeistert von ihren Erlebnissen hoch oben in den Bergen, wie sie von den Jagdführern freundlich ermuntert wurden, weiter zu gehen, auch wenn das Steigen mal schwer fiel, nicht müde zu werden, denn hinter der nächsten Wegbiegung konnte schon der ersehnte Gamsbock auf ihn warten, oder Scharwild durch die Latschen ziehen mit vielleicht einer alten Geiß im Gefolge ... .

Peter aus dem Württembergischen erging es so: „Wir pirschten und saßen, um abzuwarten, was sich tun würde, eigentlich tun musste nach Meinung seines Jagdführers. Da tauchte plötzlich eine Gams auf. Eine ganz alte Geiß, das war nicht zu übersehen. Und ich zögerte nicht mit dem Schuss. Und tatsächlich: eine „Rarität" – 14 Jahre alt, die Krucke pechschwarz, weit ausgelegt und gehakelt wie bei einem Bock. „Ich habe schon viele Gamsen gejagt", sagte er „aber eine so alte Geiß ist mir noch nicht untergekommen, eine Lebensgeiß, wie sie im Buche steht!"

Im Rucksack den Lohn der Strapazen

Stephan aus Sachsen-Anhalt: „Mir fiel der junge Ales als Jagdführer zu. Und das schien mein Pech, so glaubte ich anfangs. Er klettert wie eine Gams. Ich der „Depp aus dem Flachland" wie ich dachte – keuchte hinterher wie eine Dampfmaschine ... .

Zur Halbzeit des Aufstiegs am zweiten Tag wollte ich aufgeben – es ging nicht mehr. Doch Ales feuerte mich an, und dann tat er wieder so, als ob das Steigen auch ihm schwer fiel ... und auf einmal erblickten wir die Gämsen! – und ich kam zu Schuss ... und alles war gut! Welch glücklicher Moment! Drüben am Hang meine Gämse – eine alte, kitzlose Geiß, wie mein Jagdführer versicherte, unter mir das Wolkenmeer – ich jauchzte vor Freude!" Dirk, der Mecklenburger hatte im April beim „uJ-Schießen" in Gardelegen den Gamsabschuss als Preis erhalten. Von der zweiten Pirsch kehrte er fuß- und kreuzlahm zurück: „Der Aufstieg zum Weißen Berg hatte es in sich. Doch am Ziel wartete die Belohnung: ein traumhafter Rundblick über die Gipfel. Wir sahen Gämsen – doch zu weit für den Schuss – und mussten also warten…. Dann eine Gams auf etwa 200 Meter…? Mein Jagdführer nickte, doch nichts ging. Nach einer guten dreiviertel Stunde stiegen wir in die nächste Schlucht – Donnerwetter, die Gams – und Schuss – und ab ging die Post! Ich hatte aber vorgebeugt: mein Teckel „Bummi" war dabei und er suchte nach – kilometerweit über Stock und Stein – und er fand die Geiß!"

So ging es zu bei der Gamsjagd-Leserreise. Der Lohn der Anstrengung: Jeder fuhr mit einer oder zwei Gamstrophäen im Rucksack nach Hause. Doch das ist nur die eine Seite der Jagdreise. All das andere, was dem Jagen die Vollkommenheit gibt, muss ebenfalls passen. Und es passte tatsächlich!

Die Jagdführer waren eine Klasse für sich, perfekter konnte die Reise- und Jagdorganisation nicht sein. Nicht zu vergessen die Jägergruppe selbst – wie sie sich ein Reiseveranstalter nur wünschen kann. Die Jäger aus sieben Bundesländern hatten sich nicht gesucht, sondern zufällig als Gruppe zusammen gefunden und sich als Gruppe für „Gut" befunden. Kann eine Leserreise erfolgreicher sein?

Herbstgamsen

Während der Fahrt von Osttirol in das Brixental eröffnete mir Adi seine Pläne für die Jagd auf Herbstgamsen. Zuerst wollten wir im Oktober auf die „Steinplatte" fahren, um mit Sepp – der dort ein Bundesforstrevier betreute – eine schon dunkel gefärbte Gams zu jagen.

Die „Steinplatte" ist ein 1869 m hohes Gebirgsmassiv der Chimgauer Alpen an der Grenze zwischen den österreichischen Bundesländern Salzburg und Tirol. Die Grenze zwischen den

Spekulieren nach einer Abschussgams – ein gutes Rudel im Anblick.

Starkes Gamsrudel auf der Tiroler Steinplatte

beiden Ländern verläuft über diesen Gipfel. Nach Süden bricht der Berg in markanten Felswänden ab. Die sanfte Nordseite ist für Ski- und Wandertouren erschlossen.

Das Forstrevier, das Adis Freund hier betreute, hatte einen sehr guten Gamsbestand.

An einem kühlen und klaren Oktobertag begannen wir am Vormittag auf der Nordseite mit der Pirsch. Sepp pirschte mit seinem Hund, einer Tiroler Bracke, voraus. An einer mit Grasflecken durchsetzten Lehne machte er Halt, hockte sich hin und spekulierte mit seinem Fernglas am Bergstock über die Hangfläche.... „Seht ihr da die Gamsen als dunkle Punkte? Und sie wechseln näher heran..." Sepp hatte schon eine abschusswürdige Gams entdeckt... und plötzlich standen sie wie bestellt auf Schuss-entfernung. Sepp deutete auf die ausgewählte

„Abschussgams": „Am Zielstock anstreichen, den roten Punkt im Absehen mit ruhiger Hand ins Ziel setzen und Schuss!"... und fort flüchtete das Rudel. Seine Worte: „Du hattest noch Un-ruhe in dir und hast dabei den Schuss verrissen. Auf und davon ist nun das kleine Rudel..."

Also pirschen wir weiter und machen es beim zweiten Anlauf besser – lass das erregte Herz erst zur Ruhe kommen, auch wenn dabei das Rudel seinen Standort ändert..."

Vor einem vergrasten Fichtenkopf äste ein ande-res kleines Rudel. Sepp bedeutete mir, auf dem Felsen vor uns aufzulegen, seinen Mantel hatte er bereits als Unterlage drapiert. Inzwischen hat-te er die Stücke genau beobachtet und ein Stück als abschusswürdig angesprochen. Nun seine Anweisung: „Das letzte etwas abseits stehende Stück ins Zielfernrohr nehmen... einstechen... und Schuss!" Der Schuss war raus, hochflüchtig gingen die Stücke ab, hinein in die Fichten. Wir

Drei holten tief Luft, warteten einige Minuten, dann ging Sepp zum Anschuss, Adi und ich warteten noch etwas. Als er uns heran winkte, verwies er Schweißtropfen – also getroffen. Jetzt bekam der Hund Arbeit. Am langen Riemen zog die Tiroler Bracke scharf an und verwies immer mehr Schweiß auf der Wundfährte. Wenige Meter durch den Fichtenkopf hindurch an einen Felsen gelehnt die längst verendete Gans ... ein guter Kammerschuss, ein sehr eng gestellter, zweijähriger Bock. Nun freute ich mich doch über das „Weidmannsheil!" zu meiner ersten Herbstgams aus der Tiroler Bergwelt.

Gamsjagern im Höllengebirge

Am nächsten Tag hatte Toni uns eingeladen: „Kommt zu mir ins Höllengebirge zum Gamsjagern, die Böcke sind feist und bequem!" Adis Freund Toni betreute dort ein Gamsrevier der Bundesforste, Adi hatte hier mehrere Gamsabschüsse frei. „Vorpass am Abend oder morgens – ganz wie ihr wollt!"
Das Höllengebirge ist ein nach Norden vorgeschobenes Faltengebirge im oberösterreichischen Teil des Salzkammergutes, es wird den nördlichen Kalkalpen zugerechnet. Das stark verkarstete Gebirge besteht vorwiegend aus Wettersteinkalk. Das auf 1600 Höhenmetern gelegene Hochplateau ist mit ausgedehnten Beständen der Bergkiefer bedeckt und von Gräben und Gruben durchfurcht.
Mit dem Revierjäger Toni fuhren wir nun ins Höllengebirge, zur Jagd auf Herbstgamsen. „Habt ja Altweibersommer mitgebracht – gut fürs Bergsteigen, nicht gut fürs Gamsjagern! Leichter Regen wär besser. Probieren wir's. Es wird schon passen." Durchgeschüttelt von Kopf bis Fuß, erreichten wir das Jägerhaus, die ehemalige kaiserliche Jagdhütte „Mooslecken" am Fuße des Gebirges. Dort ging es nun erst mal zur „Tagesordnung" über ... .

Toni heizte ein: „Wenn wir vom Jagern kommen, muss es gemülich sein in der Hütte. Dann sitzt sich's gut beim Wein, und es macht Lust aufs Erzählen." Nun machten wir erst einmal frühe abendliche Brotzeit und besprachen den nächsten Tag. Und beim Nacht-Trunk bei rotem Wein wartete Toni mit einer Geschichtsstunde auf: „KAISER FRANZ JOSEPHS I. und KAISER MAXIMILIANS Gamsjagern". „Hier, in der Jagdhütte am Fuße des Höllengebirges hat er gewohnt mit seiner Frau ELISABETH, genannt SISSI, wenn zur Gamsjagd hier im Höllengebirge geblasen wurde.
KAISER FRANZ JOSEPH I. (1830–1916) ist gemeint, der letzte Herrscher der Donaumonarchie, ein begeisterter Jäger wie sein Vorfahr MAXIMILIAN I. (1459–1519).
Ins Höllengebirge kam FRANZ JOSEF oft, hier war gutes Riegeljagen. In der Hütte ist alles noch im Original, auch der blankgescheuerte Tisch, an dem wir sitzen! Auch die Möbel im Schlafraum .... Und Toni wollte gleich von mir wissen, wo ich schlafen möchte: „In KAISER FRANZ seinem Bett oder in SISSIS? Als Gast hast du die Wahl!" „Natürlich in SISSIS Bett!" gab ich zurück – etwas anderes hatte er auch nicht erwartet! Toni drängte nun gleich zum Aufbruch: „Wir wollen jetzt erst mal nach den Gamsen schauen, zum Erzählen hat's noch Zeit genug am Abend. Vielleicht kommt uns das alte Einhorn vor die Büchse, an die zwölf Jahre mag der Bock auf dem Buckel haben. Eine leichte Lawine muss ihn erfasst und an die Felsen geschleudert haben ..."
Nach einer guten Wegstunde lag vor uns das schroffe, zerklüftete Felsmassiv, die Adlerspitze, der Abschluss der breiten Rinne, die sich vom Kamm herunter zieht, Schuttfelder und Grasflecken, Latschen und Fichtenholz – das Reich der Gamsböcke in der Feiste .... Wir saßen und hielten Ausschau. Hinauf zu den Latschen

Abendpirsch zur „Adlerspitze".

glitten unsere Blicke, dann wieder den Hang hinab und hinüber zur Adlerspitze. Doch weder zeigten sich Gamsen, noch „steinelten" sie unsichtbar für unsere Blicke. Mit der Dämmerung kam der Wind. Toni steckte das Glas unter die Jacke und schüttelte sich: „Mit dem Büchsenlicht ist's bald vorbei, gehen wir, morgen früh wird's besser sein, wenn der Wind sich legt!" Der Abstieg fiel mir leicht. Ich dachte an die Hütte, an die wohlige Wärme und an die Petroliumfunzel, an Speckbrot und Wein, ans Plauschen und ans Jagern in der Früh'.

An der Hütte schließlich angekommen... die Hüttentür knarrte"... und wir ließen uns nun in dieser „fürstlichen Hütte" nieder. Unterm Zündholz flackerte die Lampe auf. Toni räumte zum Jausen hin, Adi klapperte im Nebenraum mit den Weinflaschen, ich kümmerte mich um den Ofen. Vor uns lag ein langer Abend.... und wie angekündigt, wartete Toni mit einer Geschichtsstunde auf, mit dem Gamsjagern der beiden KAISER FRANZ und MAXI – wie sie kurz im Volksmund genannt werden. Natürlich wollte auch Adi von ganz etwas Besonderem aus seinem Revier in Osttiro erzählen....

KAISER FRANZ-JOSEF also erhielt anlässlich seiner Verlobung mit der bayerischen PRINZESSIN ELISABETH (bekannt unter dem Namen „SISSI") von seiner Mutter, der ERZHERZOGIN SOPHIE, ein Biedermeier-Landhaus in Bad Ischl zum Geschenk, das nach dem Umbau den Namen „Kaiservilla" erhielt. Dort verbrachte FRANZ JOSEPH jeden Sommer bis zum Jahr 1914. In seinem Arbeitszimmer unterzeichnete der 84jährige FRANZ JOSEPH Ende Juli 1914 das Ultimatum an Serbien und das Manifest „An meine Völker", was den Ersten Weltkrieg auslöste....

Die Kaiservilla

In der Kaiservilla in Bad Ischl plante Kaiser Franz Joseph die Hochgebirgsstandtreiben.

Die Ischler Villa war das eigentliche Zuhause KAISER FRANZ JOSEPHS: sein Jagdsitz inmitten des Salzkammergutes. Hier plante er die Hochgebirgsjagden, hier empfing seine Jagdgäste. Schon äußerlich verrät die Villa ihren jagdlichen Charakter: Rotwildreliefs in den oberen Giebelfenstern und das „Lauscher"-Standbild gegenüber dem Eingang – ein Geschenk der KÖNIGIN VIKTORIA VON ENGLAND! Trophäen von erlegtem Wild und Gemälde von Defregger und Pausinger geben der Kaiservilla jagdliches Gepräge. Neben Rothirschgeweihen, Rehkronen, Auerhahnpräparationen sind es 2000 selbst erbeutete Gamskrucken, die die Kaisertreppe, die Gänge zu den Salons und den Arbeitszimmern in Trophäengalerien verwandelt haben.

Der Kaiser als Jäger

Im Salzkammergut nahm der junge FRANZ JOSEPH an den Jagden und Ausflügen in die Berge seines Vaters, ERZHERZOG FRANZ KARL, teil und erlegte am 23. September 1843 als 13-Jähriger, seine erste Gams auf der Hohen Schrott nahe Ischl unter Führung des damaligen Waldmeisters Rupert Pichler. Jägerisches Vorbild war ERZHERZOG JOHANN, Wegbereiter einer Jagd nach hegerischen Gesichtspunkten, die wegführte von barocken Jagdvergnügen. ERZHERZOG JOHANN war es auch, der die Notwendigkeit eines Naturschutzes voraussah. Die weidmännischen Grundsätze ERZHERZOGS JOHANNS beeinflussten seinen Großneffen, den späteren KAISER FRANZ JOSEPH, ganz entscheident. Er war kein Anhänger oder Verfechter groß angelegter Hoftreibjagden, sondern er bevorzugte die Pirsch, den Ansitz und die Hochgebirgs-Standtreiben.

Im Gebirge trug FRANZ JOSEPH stets die steierische Tracht und schoss vorzugsweise mit einer einläufigen, vollgeschäfteten Büchse, dem sogenannten „Ischler Stutzen", benannt nach dem Ischler Büchsenmacher Leitner, über Kimme und

Korn. Den Stutzen trug er stets selbst, auch bei steilen Anstiegen zu den Ständen. Sein Schuss auf das zuwechselnde Wild erfolgte freihändig im Stehen. Für Repetiergewehre hatte FRANZ JOSEPH nichts übrig. Er besaß ein instinktives, jagdliches Einfühlungsvermögen, und als ausgezeichneter Bergsteiger wußte er die Zeit bei einer Gebirgsjagd gut einzuschätzen, er überschätzte nichts, er ging kein Risiko ein.

Organisation der Hofjagden

An der Spitze der jagdlichen Organisation stand die k.u.k. Hofjagdregie-Oberleitung. Ihr untergeordnet waren die örtlichen Hofjagdleiter, alles Forstmänner. Die rd. 50 000 ha Hofjagd, das „Kaiserliche Leibgehege Salzkammergut" umfasste so bekannte Landschaften wie das Höllengebirge, den Traunstein und das Hohe Schrott. Geschossen wurde in der Regel nur männliches Wild aller Altersklassen. Am Abend

Im Treppenhaus hängen die 2000 Krucken der vom Kaiser selbst erbeuteten Gamsen.

vor der Jagd wurden die Zeitpläne erstellt und für jedes Rotwild- und Gamstreiben Skizzen angefertigt, in denen Triebrichtung und Stände zumeist vom Kaiser selbst eingetragen wurden. Der Jagdleiter begleitete die Gäste zu den verblendeten Bodenständen. In der Regel fand am Tag ein Treiben statt, das meist zwei Stunden dauerte. FRANZ JOSEPH legte besonderen Wert auf Sicherheit. Der Standbegleiter hatte den Schützen auf die umliegenden Nachbarstände aufmerksam zu machen.

Vor Beginn des Hebeschusses durfte nicht auf Wild geschossen werden. Strecke gelegt wurde in der Nähe eines Jagdhauses bzw. einer Jagdhütte, aber nicht wie heute üblich nach Wildarten und Stärke, sondern nach Schützen. Um Verwechslungen beim Zusammentragen zu vermeiden, bekamen die Stücke verschiedenfarbige Bänder.

Das bekanteste Jagdhaus war das am Offensee. Über der Eingangstür stand der Vers:

„Es ist aller Tage Jagdtag,
aber nicht aller Tage Fangtag"!

KAISER FRANZ-JOSEPH trug beim Jagen stets die Steierische Tracht.

KAISER MAXIMILIAN I. – Erzjägermeister des Heiligen Römischen Reiches

Dieses Gebiet war auch das Jagdrevier von MAXIMILIAN I., Erzjägermeister des Heiligen Römischen Reiches (1459–1519).

Hier ein kurzer Rückblick in jene Zeit. An der Schwelle vom Mittelalter zur Neuzeit stand die Wiege des Habsburgers MAXIMILIAN I., geboren am 22. März 1459 in der Wiener Neustadt. Er wurde als ERZHERZOG VON ÖSTERREICH 1486 zum RÖMISCHEN KÖNIG gewählt. Nach dem Tod FRIEDRICHS III. 1493 in Rom erwarb er die deutsche „Kaiserkrone des Heiligen Römischen Reiches". Sein Beiname war „der letzte Ritter".

Ihm, der sich „ERZJÄGERMEISTER DES HEILIGEN RÖMISCHEN REICHES" nannte und diesen Titel als altes Privileg der ERZHERZÖGE VON ÖSTERREICH eintragen ließ, hat man zu Lebzeiten vorgeworfen, dass er seine kaiserliche Pfalz zu einem Jagdamt machte.

Nach dem Tod FRIEDRICHS III. VON ÖSTERREICH (1415-1493), seit 1452 KAISER DES HEILIGEN RÖMISCHEN REICHES, erwarb er 1493 in Rom die deutsche Kaiserkrone des Heiligen Römischen Reiches. MAXIMILIAN I., genannt „der letzte Ritter", starb am 12. Januar 1519 in Wels in Tirol. Was Maximilian von anderen Herrschergestalten unterschied, und was seinen Nachruhm begründete, war der Nimbus des großen Jägers. Er verkörperte die Idealgestalt des leidenschaftlichen, unerschrockenen und gewandten Jägers seiner Zeit, des Jägers, der mittelalterliche und bereits neuzeitliche Wesenszüge aufwies. MAXIMILIAN suchte einerseits das absolute Jagdabenteuer in der Bergwelt und verstand es andererseits, es zum Schauspiel für die Hofgesellschaft zu machen – ganz in der Tradition des Mittelalters. So sorgte er dafür, dass man von ihm als dem ritterlichen Jäger sprach, und so ist es auch zu erklären, dass MAXIMILIAN im Bewusstsein der Nachwelt vor allem als Jäger weiterlebte. In der Berufung zum grenzenlosen Jäger glaubte er, seinem eigentlichen Wesen am nächsten zu sein. Ihm, der sich „ERZJÄGERMEISTER DES HEILIGEN RÖMISCHEN REICHES" nannte und diesen Titel als altes Privileg der Erzherzöge von Österreich eintragen ließ, hat man zu Lebzeiten vorgeworfen, dass er seine kaiserliche Pfalz zu einem Jagdamt machte.

GOETHE (!) schreibt in seinen ältesten Entwürfen zum zweiten Teil des „Faust" vom Reichstag in Augsburg:…. „Wir werden in einen großen Saal versetzt, wo der KAISER MAXIMILIAN – eben von der Tafel aufstehend – mit einem Fürsten ans Fenster tritt und gesteht, dass er sich „Faustens Mantel" wünsche, um in Tyrol zu jagen… und morgen zur Sitzung wolle er wieder zurück sein."

Die Hofjagd neuen Stils

MAXIMILIAN lernte die Jagd als festen Bestandteil fürstlicher Repräsentation und als Ausdruck höfischer Sitte kennen. Die Hetzjagd zu Pferde auf den „edlen" Hirsch – die Parforcejagd – brachte er in die deutsche Jagd und ebenso auch die Beize auf Reiher und Enten als unterhaltsame Kurzweil mit den Damen des Hofes.

Eine ganz andere Art zu jagen fand MAXIMILIAN in Tirol, die anstrengende, kräftezehrende Gamsjagd, die Mut verlangte, denn sie war kein Gesellschaftsspiel, sondern gefahrvoller Ernst. Die kühne Jagd – möglichst vor den Augen der im Tal zuschauenden Damen – wurde und blieb die Jagd MAXIMILIANS.

Das Tiroler Inntal mit seinen guten Gamsbeständen betrachtete der Kaiser als sein Jagd-

Imperator Caesar Diuus Maximilianus
Pius Felix Augustus

Maximilian I.
Sein Beiname der „letzte Ritter" begründete
den Nachruhm eines großen Jägers.

gebiet. Die Jagd trennte er von der Forstwirtschaft und bestellte einen Obristen, einen Jägermeister. Ihm unterstanden der Gebirgsmeister, zuständig für die Gamsjagden, der Wildhetzer, verantwortlich für alle Jagdhunde, der Murmeltier-Meister für die Murmeltierjagd und der Otterjäger, der sich um die Fischotterjagd zu kümmern hatte.

Die Technik der Gamsjagd zu Zeiten Kaiser Maximilians

Die Gämsen wurden bei den Jagden nur ausnahmsweise mit Armbrust oder Handbüchse erlegt. Als Waffe benutzten MAXIMILIAN und seine Jäger einen bis zu 4,50 Meter langen Spieß. Mit diesem wurden die Gämsen aus ihrem Zwangseinstand „ausgeworfen". Damit sich der Jäger auf kurze Entfernung den Gämsen nähern konnte, richtete man „Zwangsjagden"

ein. Durch Treiber und Hunde wurde das Wild in steile Felswände getrieben, aus denen kein Wechsel herausführte. Hier gab es also für die Gemsen kein „Vor und Zurück" mehr.

Die Aufgabe des Jägers bestand nun darin, die Felswand mit der Gamssperre zu ersteigen und sich den eingestellten Gamsen so weit zu nähern, dass er sie mit Stoß oder Wurf erreichen konnte. Nur ausnahmsweise soll es auf Maximilians Jagden vorgekommen sein, dass für eine dem Jäger unerreichbare Gams die Armbrust gebraucht wurde. Bei dieser von Maximilian leidenschaftlich ausgeübten Jagd auf eingestellte Gämsen kam es besonders auf gewandtes Bergsteigen an, denn der Jäger musste oft gefährliche Steige benutzen oder sich den Weg in den Felswänden mit Steigeisen suchen. Darin lag für Maximilian der Reiz, und seine Meisterschaft im Bergsteigen lockte ihn immer wieder zu solch gefahrvoller Jagd.

Diese Gamsjagden bereitete der Kaiser genauestens vor. Es begann mit der Bekleidung: „Ein grau und grün (Tarnfarbe) gevierteiltes Wams und eine gleiche Hose im Gelände, die Ärmel lang, damit man nicht hängenblieb, zwei Paar hohe Schuhe zum Wechseln, eine Hirnhaube (Eisenhut) gegen Steinschlag, einen grauen Hut mit aufgeschlagener Krempe, im Winter eine Wollmütze und wollene Gamaschen, die man über Schuhe und Hosen ziehen konnte.

Dazu als Ausrüstung einen Rucksack (Weidsack), ein gutes Seil, sechszackige Steigeisen, im Winter Schneereifen, das Dillmesser (Jagdmesser, dessen Stiel aus einer Röhre besteht und sich dadurch auf einen Spieß stecken lässt) und zwei Gemsschäfte zum Ausstechen.

Voraussetzung für solch aufwendige Jagden war viel Gamswild. Deshalb führte Maximilian in den 172 kaiserlichen Gamsrevieren im Inntal eine strenge Hege des Wildes ein. Das führte zu einem sprunghaften Ansteigen der Bestände. Diesem Umstand, und dass es in Tirol zu dieser Zeit entgegen alten Privilegien fast nur noch landesfürstliche Reviere gab, ist der bekannte Volksaufstand gegen das Wild nach dem Tode Maximilians hauptsächlich zuzuschreiben.

Kaiser Maximilian war in seinem Reich rastlos unterwegs – nur die Jagd hielt ihn längere Zeit an einem Ort. Er verband damit auch das besondere Vorrecht, dass jedermann ihn sprechen und seine Bitten oder Beschwerden vorbringen konnte. Der „Dienstweg" galt nicht, wenn der Kaiser auf Jagd war. Die Sekretäre mussten zum Jagen mitkommen, und alle Wünsche des Volkes notieren. So ungezwungen hat weder vorher noch später ein Kaiser „Audienz" gehalten.

Zu den Gamsjagden mussten die Bittsteller allerdings weite Wege machen, denn bereits um drei Uhr morgens zog der Kaiser ins Gebirge, wohl versehen mit dem „Panzele" (einem Holzfässchen), mit Brot, Fleisch, Käse, Früchten und Wein. Erst spät abends kehrte die ganze Jagdgesellschaft wieder zurück."

Maximilian zog zur Jagdzeit von Jagdschloss zu Jagdschloss und benutzte für weiter entfernte Jagden Almhütten und Bauernhäuser. Das bedeutendste aus Holz erbaute Jagdhaus war das im besten Gamsrevier gelegene „Haus in der Riss" (Hinterriß).

In der Martinswand

Dass es auf derart gefährlichen Jagden nicht ohne Unfälle abging, ist nur zu verständlich. Weit über die Grenzen Tirols hinaus ist Maximilians Abenteuer an der Martinswand bekannt geworden.

Die Martinswand erhebt sich westlich von Innsbruck fast unmittelbar vom Talboden senkrecht zur Höhe. In dieser Wand hatte sich Maximilian hoffnungslos verstiegen. Der im Tal zuschauende Hofstaat ließ einen Priester rufen, der ihm als Wegzehrung die heilige Hostie aus der Ferne zeigen sollte. Bereits zu Lebzeiten Maximilians wurde diese Jagd zur Legende,

man sprach von einem Engel, der den Kaiser aus seiner Not gerettet habe. Die sagenhafte Jagd an der Martinswand hatte zwischen 1504 und 1507 stattgefunden. Zum Dank seiner Rettung trug der Kaiser ein Kreuz in eine nahe der Unfallstelle gelegene Höhle.

Maximilian hatte seine Absicht erreicht: „Den Gembs vor sovil schönen frauen zu fellen one allen grauen." Allerdings schrieb er später ins Tiroler Jagdbuch: „Du hast darnach im Sannt Martenns Wandt gar ein lustig Gembs gejait, aber du solt es nit jagen, denn es ist gar sorglichen von wegen der stain." Wer heute von der Straße hinauf zum Kreuz in der Martinswand schaut, weiß, dass der „Engel", der damals Maximilian gerettet hat, ein unerschrockener Jäger gewesen sein muss.

Johann Wolfgang von Goethe (!) behauptete zwar bei seiner Durchreise nach Italien, dass er sich wohl getraue, ohne Engel zu jenem Ort zu kommen, schränkte aber sofort ein, „freilich würde das Unternehmen doch immerhin ein frevelhaftes sein".

Auf dem Kaiserstand

Am nächsten Morgen nun fuhren wir nach einem ausgiebigem Frühstück mit Tonis Jagdwagen die Forststraße hoch bis zum Bergweg-Abzweig zum Hochplateau. Obwohl das Wetter einen goldenen Oktobertag versprach, hatten wir den Rucksack für einen Wetterumschwung gepackt, warfen die Büchse über die Schulter, nahmen den Bergstock in die Hand – und der Anstieg in den Felsen begann. Anstrengend war es schon, doch die schönen Blicke über das Gebirge entschädigten den kräftezehrenden Aufstieg. Dann oben in der kleinen Jagdhütte „Awack" angekommen, eine kurze Rast, und Toni entwarf mir seinen Plan für die Pirsch. Dabei erzählte er, dass er im August hier einmal ein starkes Gewitter mit Regen und Sturm erlebt hatte. Als ihn während des Schlafes knarrende Geräusche weckten, wollte er vor der Hütte nach dem Rechten sehen. Nur mit voller Kraft konnte er die Tür öffnen – und da traf ihn fast der Schlag: Der Regen peitschte ihm ins Gesicht, Blitze zuckten, Donner grollten und ihm war, als stünde der „Leibhaftige" vor ihm und wollte ihn packen.

Heute aber konnten wir bei prächtigem, frühherbstlichem Wetter mit der Pirsch beginnen. Auf der großen Freifläche – durchsetzt mit Felsen und Krummholzkiefern – tauchte in der Nähe der Hütte ein Rudel Gamsen auf. Toni konnte sie alle mit dem Spektiv genau ansprechen – ein abschusswürdiges Stück war nicht dabei. Also ließen wir das Rudel außer Sichtweite ziehen und setzten unsere Pirsch fort. Mit einem Mal gab Toni ein Zeichen – sofort hockten wir uns hinter einen Felsblock – und dann sahen wir sie: dunkle Gestalten, die zwischen den Latschenkiefern auftauchten und hin und her wechselten.

Eine Gams hatte Toni fest im Blick und er bedeutete mir: „... die da vor der Kiefer nimm ins Auge!"

Vorsichtig legte ich die Büchse in eine Felsmulde, und als das Tier ganz frei stand, etwa vierzig Schritt mochten es sein – nahm ich es ins Zielfernrohr ... ich krümmte den Finger – und die Gams sackte zusammen, doch sie kam vorn

Auf dem „Kaiserstand" – im Anblick ein kleines Gamsrudel.

Aus dem Rudel erlegte Gams.

wieder hoch. Inzwischen hatte ich repetiert und die Gams durchs Zielfernrohr fest im Blick. Im Knall sank sie zusammen…. Ein paar Minuten hockten wir noch hinter dem Felsbrocken, dann ging es schnellen Schrittes zur Gams: Toni hob das Haupt und mit einem kräftigen „Weidmannsheil!" gratulierte er mir zu dem „Abschussjährling" aus dem Höllengebirge". Der erste Schuss hatte hoch weidwund gefasst – ich hatte den roten Punkt im Absehen verwackelt….

An der Jagdhütte ließen wir die Gams ausschweißen und genossen auf der Hüttenbank das noch schwach sonnige Oktoberwetter. Da,

wo ich auf die Gams zu Schuss kam, befand sich der ehemalige Stand von KAISER FRANZ JOSEF….

Nun huckte Toni die Gams auf, und wir gingen den steilen Weg zur Fahrstraße hinab. Auf halber Strecke übernahm ich von Toni die Last. An der Jagdhütte vom Kaiser angekommen, empfing uns Adi und gratulierte zur erfolgreichen Gamspirsch.

Heute liegt die präparierte Decke vor meinem Schreibtisch, versteckt im Haar doch sichtbar für mich! – der weidwunde Ein- und Ausschuss….

5
Schauflertraumrevier Gyulaj

Prachtvolle Farbenpracht zur Herbstzeit in Gyulajs Laubholzrevieren.

Zur Pirsch in Ungarns berühmtem Schauflerrevier Gyulaj

Reizvolle Lage des Jagdhauses Obirod.

Auf der Weltjagdausstellung 1971 in Budapest faszinierten mich die ungarischen Damschaufler aus dem legendären Revier Gyulaj. Das weckte in mir die Neugier, dieses außergewöhnliche Revier kennen zu lernen... aber wie?

Nach Ungarn konnte man ja als DDR-Bürger mit einer sogenannten Reiseanlage auch mit dem Auto reisen. Die Frage war nur, wie kann ich eine Beziehung oder zunächst eine Verbindung zu diesem Revier aufbauen? Alles, was ich über dieses Revier erfahren konnte, trug ich zusammen und entwarf einen Reiseplan. Dann entschied ich mich, aufs Gradewohl dorthin zu fahren.

Im Frühjahr nach der Birkhahnbalz in der Tatra fuhr ich weiter nach Ungarn. Gyulaj liegt süd-

lich vom Plattensee im Hügelland von Tolna nahe der Stadt Tamasi. Eine schmale Straße führt von Tamasi kommend direkt durchs Revier.

Der Kontrollposten am Durchlass ins Revier fragte mich, ob ich ins Jagdhaus wolle, was ich bejahte. Am Jagdhaus Obirod wurde ich allerdings abgewiesen mit den Worten: „...nur für „eingeladene" Gäste..." (mit harter Währung!).

So fuhr ich in das nächste Dorf am Rand des Reviers, um vielleicht dort ein einfaches Quartier zu finden, denn ich musste mit dem wenigen ungarischen Geld, was umzutauschen möglich war, haushalten. An einer öffentlichen Wasserstelle machte ich Halt und ergänzte meinen Wasservorrat. Ich fragte eine Frau, die dort ebenfalls Wasser zapfte, ob es im Ort eine Pension gäbe, doch sie verneinte. In diesem Moment hielt neben mir ein Jeep der Forstverwaltung, der aussteigende Fahrer sah ganz nach „Jäger" aus. Er sprach mich an, und wir kamen ins Erzählen. Er war tatsächlich angestellter Jäger im Jagdhaus, und er bot mir an, einzusteigen zu einer Revierfahrt – was ich nur zu gern annahm. Ich schloss also meinen „Trabant" ab und los gings.

Das berühmte „Gyulajer Damwildrevier lernte ich unter fachkundiger Führung kennen. Die abwechslungsreiche hügelige Laubwald- und Wiesentälerlandschaft und ihr Wild kennen. Wir sahen Damwildrudel auf der frischen Äsung und Bachen, die im Laubholzboden ihre Frischlinge ausführten. Während der Revierfahrt lernte ich auch die großen Brunftplätze kennen. Da keine private Übernachtung zu bekommen war, übernachtete ich kurzerhand in meinem Auto und blieb zwei weitere Tage,

Mit dem Jagdführer auf Morgenpirsch.

in denen ich das große Revier durchstreifte. Ich erfreute mich an den vielen großen und kleinen Damwildrudeln in den frischgrünen Wiesentälern. Auch dem Schwarzwild kam ich sehr nahe. Von den Kesseln der Bachen mit ihren Frischlingen hielt ich sicherheitshalber Abstand. Nach so viel Anblick im Gyulajer Frühlingswald fuhr ich beglückt wieder nach Hause.

2005 fuhr ich wieder nach Gyulaj in offizieller Mission, um für einen Beitrag für die Fachzeitschrift *unsere Jagd* zu recherchieren. Ich hoffte, meinen bekannten Berufsjäger zu treffen.

Dieses Mal fuhr ich komfortabler, mit meinem Dienstwagen von der Redaktion. Und es kam zu einer herzlichen Begegnung wie mit einem alten Freund, den man lange nicht gesehen hat.

Ich habe davon in meinem Buch „Von rot bis schwarz" erzählt. Aus den Gesprächen, die wir im Jagdhaus Obirod führten, habe ich den Beitrag: „Gyulaj – Paradies der Schaufler – Pirsch durch Ungarns berühmtes Damwildrevier" – im Heft 10/1997 der Zeitschrift

„*unsere Jagd*" verfasst. Die Stadt Gyulaj, eine Autostunde südlich vom Plattensee entfernt, im Hügelland von Tolna, nahe der Stadt Tamasi, wurde bekannt und berühmt durch ihre starken Schaufler. Die Schauflerbrunft in Gyulaj, im Tal der 1000 Hirsche – ist der Traum aller Damwildjäger.

Obwohl seit dem Mittelalter in Ungarn Damwild heimisch ist – Jagdordnungen und Chroniken belegen, dass diese Wildart nicht nur in Gattern gehalten wurde – gibt es keinen Nachweis darüber, ob es zu damaliger Zeit bereits Damwild frei lebend in den Wäldern um Gyulaj gab. Erst nach der Befreiung des Landes von der Türkenherrschaft, als im Jahre 1686 die Festung Tamasi und die umliegenden Wälder in den Besitz der Fürsten von Esterhazy kamen, ist vom „Gyulajer Damwild" und von großen Jagden die Rede.

Ende des 18. Jahrhunderts soll im Großgatter von Ozoradas, einem Teilgebiet von Gyulaj, der Bestand rd. 3000 Stück betragen haben.

Über dieses Revier schrieb Feldmarschall Erzherzog Joseph im Jahr 1933: „Gyulaj..., sanftes Hügelland mit schönen Wiesentälern, umgeben von Laubwäldern.... Einstens gab es hier eine ganz besonders berühmte Jagd auf Hochwild, Damwild und Sauen. Als Kind schaute ich mir mit besonderem Interesse im Gange unseres Schlosses Alcsut die alten Bilder von Jagden in Gyulaj an. Wie da Büchsenspanner die Vorderladergewehre der Schützen, deren Stände in Rauch gehüllt waren, eiligst luden, die Herren Hunderte Stück Damwild über den Haufen schossen. Es ist im Gyulajer Forst heute noch ein ziemlich hoher Hügel zu sehen, unter dem Tausende von Kadavern dieses großen Wildes begraben sind. Man konnte damals das Fleisch in solchen Mengen nicht verwenden. Der Hügel heißt heute Kadaverberg..."

Die Esterhazy-Herrschaft ging 1945 zu Ende, eine andere begann – Gyulaj wurde Staats- und Protokoll-Jagdrevier und blieb es bis 1989. Die Jagd stand wiederum an erster Stelle, der Waldbau hatte sich ihr unterzuordnen.

Nach den großen Waldrodungen Mitte des 19. Jahrhundets wurden die Kahlflächen zwecks Brennholzgewinnung hauptsächlich mit Zerreiche, Hainbuche und Robinie aufgeforstet. Später kamen Kiefer und Schwarzkiefer hinzu. Welches Gesicht haben die Gyulajer Wäl-

Zwei starke Schaufler – die Strecke vom Ansitz am Brunftplatz.

der heute, die bis in die jüngste Vergangenheit hauptsächlich dem Wild und der Jagd zu dienen hatten? Gyulaj ist ein Laubholzrevier geblieben, mit Zerr- und Traubeneiche (65 %), mit Weißbuche und Robinie (jeweils 10 %), und Schwarznuß, Lind und Ahorn (15 %). Das wenige Nadelholz (10 %) bringt Abwechslung ins Waldbild, und bietet in der blätterlosen Jahreszeit Deckung für das Wild.

Bis 1972 war Gyulaj freie Wildbahn. Der hohe Wildbestand verursachte allerdings enormen Wildschaden auf den umliegenden landwirtschaftlichen Flächen: deshalb musste gehandelt werden. Da der Staatsführung an „viel Wild" gelegen war, wurde der größte Teil der Gyulajer Wälder – 8000 Hektar – eingegattert. Der damalige Wildbestand betrug zwischen 4000 und 5000 Stück Damwild bei einem jährlichen Abschuss von über 1000 Stück.

Die neuen Verhältnisse nach der „Wende" – Staatszuschüsse für 400 ha Wildäcker und das Winterfutter entfielen, die Forstverwaltung musste eigenverantwortlich wirtschaften – zwangen dazu, den Wildbestand drastisch zu senken. Heute wird der Damwildbestand auf 2800 Stück geschätzt. Auf dieser Höhe will ihn die Forstverwaltung langfristig halten, bei einem Abschuss von 800 bis 1000 Stück jährlich.

Gyulaj ist aber nicht nur klangvoller Name für kapitale Schaufler, auch mit Schwarzwild macht es von sich reden. Im „gemischten" Laubwald mit Niederwalddickungen, viel Unterwuchs, Wiesen und Wildäckern findet Schwarzwild ideale Lebensbedingungen. Bei einem geschätzten Bestand von 800 bis 900 Stück liegt der jährliche Abschuss bei 300 bis 400 Stück. Bekannt und geschätzt bei Jagdgästen sind die Gyulajer Saudrücken von November bis Januar. Gegenüber Dam- und Schwarzwild nimmt sich der Rotwildbestand recht bescheiden aus. Auf 300 Stück wird der Bestand geschätzt, etwa 80 Stück werden jährlich erlegt, darunter 15 bis 20

Starker Schaufler auf dem Brunftplatz.

Hirsche mit einem Geweihgewicht zwischen 5 und 10 kg. Die hohe Zeit im Gyulajer Forst beginnt mit der Damwildbrunft. Der Auftakt fällt in die letzte Septemberwoche, Hochbrunft ist um den 10. Oktober. Ende des Herbstmondes klingt sie aus. Zur Brunftzeit wird nur auf den starken, reifen Schaufler gejagt. Dabei steht die Pirsch zu Fuß im Vordergrund, weniger der Ansitz. Mit dem Jagdwagen fährt man vom Jagdhaus ins Revier, in die Nähe der Brunftplätze, und von da aus wird gepirscht. Auf diese Weise werden 80 bis 90 Brunftschaufler erlegt.

Was zeichnet die berühmten Gyulajer Schaufler aus? Kapitalhirsche bringen es auf ein Geweihgewicht von 4,5 kg und darüber. Der Durchschnitt liegt bei 3,5 kg. Eine Stangenlänge von über 70 cm ist keine Seltenheit. Was ihnen fehlt, ist die Stärke. Augsprossen von 20 cm sind die untere Grenze. Schaufellänge: 45 cm und darüber und Schaufelbreiten lassen nichts zu wünschen übrig. Weit ausladende Geweihe mit vielen Enden auf den Schaufeln und oben ein bißchen Kurve nach vorne viel Unterwuchs das ist der Gyulajer Typ. Gyulaj ist aber mehr als „Schauflerstärke der Superlative". Das große Schauspiel der Brunft ist das eigentliche

Herbstzeit – schönste Zeit, wenn das rauhheisere Quorren der Schaufler erklingt.

Herbstzeit – schönste Zeit

Erlebnis, wenn in den weiten Tälern mehr als 1000 Hirsche ihr eigenwilliges Röhren ertönen lassen, den ganzen Tag über und bis hinein in den Morgen. Doch bei diesem einen Besuch meinerseits blieb es nicht. Im Jahre 2008 fuhr ich im Herbst wieder nach Gyulaj. Ich war dort zu Gast gemeinsam mit dem Tierfotografen Erich Marek, um die Schauflerbrunft zu erleben und in Bildern festzuhalten, und mit dem Direktor über Gyulaj „gestern und heute" zu fabulieren. Der daraus entstandene Beitrag: „Gyulaj gestern und heute – Zu Gast in einem der berühmtesten Damwildreviere Ungarns" wurde im Heft 2/2009 von *„unsere Jagd"* veröffentlicht.

Erreicht man vom Plattensee kommend Tamasi, ist es nicht mehr weit zum Ziel. Quer durchs Gyulajer Revier schlängelt sich die Straße zum Jagdhaus Obirod. Die Fahrt stimmt ein auf das, was der Jäger erwartet: herbstfarbener Laubwald und Damwild, das rechts und links der schmalen Fahrstraße wechselt.

Dann im Tal das Jagdhaus Obirod – wir sind am Ziel!

„Hier lässt sich's bleiben", ruft mir ein Jäger mit alpenländischem Dialekt zu, der „Ansitz-fertig" auf seinen Begleiter wartet. Keine Betriebsamkeit, nur gespannte Erwartung beim Warten auf den Revierjäger. Auf einer der Bänke vor dem Jagdhaus mache ich es mir bequem und blinzle in das sonnendurchflutete Kronendach der Linden…. „Hörst Du drüben am Hang den Schaufler?" der Österreicher, der sich mir mit „Ich bin der Toni" vorstellt, erklärt, dass das der Haus- und Hof-Damhirsch sei, der Tag und Nacht keine Ruhe gibt, und den gestern ein Revierjäger, der die Kurve hinter dem Teich zu scharf nahm, beinahe überfahren hätte…. Da kommt Janos und holt Toni zur Jagd ab. Eine Weile bleibt mir noch, bis mir Peter winkt: „Es ist Zeit für den Brunftplatz, die Hirsche warten schon!" Hinein in den Wagen, und ab geht's, die Straße hoch und wieder bergab, dann rechter Hand den Hohlweg hinunter. Die Wiese unten im Tal ist voller Damwild. Wir holpern langsam weiter, und das Kahlwild macht Platz… rechts den Hang hoch, links den Hang hoch. Keine Notiz nimmt Peter vom Wild, nur das Wort

„abgebrunftet" bringt er heraus. Plötzlich Halt – Peter streckt die Hand aus: „Wir sind schon pünktlich!" (was heißt: „wir sind da!"). „Siehst Du dort die große Kanzel? Das ist bester Platz bei bestem Brunftplatz."

Den Vorgeschmack des besten Brunftplatzes nehme ich sofort wahr. Es hört sich an, wie vielstimmiges gedämpftes Sprachgewirr, was da zu mir herüber dringt. Dort, wo die Kanzel steht, im lichten Holz vor dem Berghang, sehe ich durch hohes graubraunes Gras dunkle Gestalten huschen. Nur keine Zeit verlieren ... rede ich mir zu, nicht lange warten, rasch zum Sitz – Damwild ist kein Rotwild! Rucksack aufgehuckt, Gewehr über die Schulter und ab zum Sitz.

Treiben in der Brunftplatz-Arena

Je näher ich komme, desto deutlicher das rauhheisere Quorren der Schaufler. Kaum, dass ich mich auf meinem Beobachtungsstand eingerichtet habe, geht das Treiben vor mir so richtig los. Ich komme mir vor, wie ein Zuschauer auf der Tribüne eines Amphitheaters. Im weiten Halbrund das Auf und Ab und Hin und Her des Wildes, und ich beobachte von der Tribüne aus das ganze Spektakel. Fast teilnahmslos sitzen mehrere Schaufler im Vordergrund in ihren Kuhlen, als ginge sie der Trubel rein gar nichts an, obwohl das junge Volk um sie herum tänzelt. Doch plötzlich wird es einem der alten Herren zu bunt, er wird ruckartig hoch, macht ein paar Schritte vorwärts – und die Ordnung ist wieder hergestellt. Weiter oben am Hang geraten sich zwei Halbwüchsige mit schon „braven" Schaufeln in die Wolle, dass es nur so kracht. Doch was tut sich rechts von mir? Da treibt es einen ganz Starken, mit Schaufeln wie vom Elch, heraus aus dem Bannkreis, als ob er etwas zu kontrollieren hätte. Doch der Grund ist ein anderer: ein schwarzer Teufel steht schräg hinter mir im hohen Gras – näher und näher kommen sich die beiden. Mein „Wind", der sie voll treffen müsste, zeigt keine Wirkung. Noch haben die beiden Schaufler keine Tuchfühlung, doch ihre Unruhe wird schon sichtbar: das Haupt hoch, dann eine ganze Drehung, die Schaufeln wie zur Kampfeinstimmung an Äste geschlagen. Doch plötzlich gibt der Schwarze auf, er versinkt förmlich wie der Leibhaftige im hohen Gras, und dann sehe ich ihn forttrollen. Und der Starke mit den wuchtigen Schaufeln, ein echter Gyulaj-Typ, so zieht er hin zu seiner Brunftkuhle und sitzt da bewegungslos, als wär er aus Stein. Weiter und weiter geht das Spiel, der Chor der Schaufler will nicht verstummen. Später Abend ist's, als ich Scheinwerfer durch die Wiese schaukeln sehe ... es ist nun Zeit für den Aufbruch.

Auf dem Weg zum Jagdhaus will ich von Peter wissen, wie viele Schaufler sich zur Hochbrunft auf diesem Platz einfinden: „so 50 bis 60 im Schnitt?" gebe ich vor. Peter lachte nur und entgegnete: „Wissen es nicht genau – nur viele, viele, viele – und alle gut – junge gut, alte gut. Fahren wir zum Platz, Stefan aus Budapest hat sehr, sehr guten Schaufler geschossen".

Doch ich wollte mehr wissen. Hat es in Gyulaj schon immer so viel Damwild gegeben? Vor allem wollte ich hinter das Geheimnis der kapitalen Schaufler kommen, die jahraus, jahrein hier gestreckt werden und den Ort weltbekannt gemacht haben. Wann das Damwild das Land zwischen Plattensee und Donau eroberte – eingewandert oder angesiedelt wurde – ist nicht bekannt.

Brachten schon die Römer Damwild mit?

Vermutet wird, dass das Damwild schon zur Türkenzeit hier war, und dass die Römer es mitgebracht haben. Nachweislich hat NIKOLAUS JOSEPH VON ESZTERHAZY, zu dessen Besitzungen dieses Gebiet gehörte, 1772 zum ersten Mal in Gyulaj gejagt. FÜRST ESZERHAZY war als prachtliebender Magnat bekannt, ein Schöngeist aber auch ein begeisterter Jäger. Südlich des Neusiedler Sees errichtete er mit dem Schloss Eszterhazy ein Zentrum für Kunst und Wissenschaft.

JOSEF HAYDEN ermöglichte er als Hofkapellmeister mit seinem Orchester ein ungehindertes Schaffen. Kein Wunder, dass die großen eingestellten Jagden, die der Fürst veranstaltete, auch zu musikalischen „Leckerbissen" wurden.

LEO GRAF FESTETICS, der 1870 die Hofjagden des Fürstenhauses beschrieb, hebt hervor: „... dass man in dieser Art nichts Schöneres und kaum etwas Ergreifenderes hören kann, als die Korrektheit und die Harmonie dieser bloss aus doppelter Windung bestehenden, ganz gewöhnlichen Jagdhörner, ohne alle Klappen und Züge". Wie liefen nun diese eingestellten Jagden, die sogenannten „Zeugjagden" ab? „... wenn ich sage", so GRAF FESTETICS: „dass bei Gelegenheit dieser fürstlich Eszerhazyschen Jagd, zum Eindruck und zur Jagd selbst – nur schlechthin gerechnet – zwölf bis vierzehn tausend Menschen beschäftigt waren .... Tagelang, wochenlang wurde das Wild zusammen getrieben, „... bis endlich der Boden ertönte, und man konnte aus dem Getöse der zahllosen Tritte ennehmen, dass eine Unmenge Wildes heranziehe ...."

Zwei Tage wurde gejagt, dabei fiel auch Wild für das Landvolk ab. Die ganze Gegend wußte davon, wann die Jagd des Fürsten statthaben wird. Da es nun alter Brauch war dass, wer da von armen Leuten Wild haben wollte, sich am Abend nach der Jagd es unentgeltlich abholen konnte, so war es natürlich „... dass man in der Nähe des Halali-Platzes in bescheidener Entfernung viele Bauernwagen bemerken konnte, die theils für sich, theils für andere Wild zu holen, sich einfanden.

Sowie der Fürst mit seinen Gästen den Halaliplatz verließ, nahten die Leute mit den Wagen, und der zu dieser Sache bestellte Förster übergab Jedem das Stück Wild, welches er wünschte."

Soweit der Chronist. Verbürgt ist: Was von den 3000 Stücken Wild, die bei solchen Jagden zur Strecke kamen, übrig blieb, wurde vergraben. Diese Stätten, Fleischbänke genannt, sind stumme Zeugen der Eszerhazyschen Jagden im heutigen Gyulaier Revier.

Dass das viele Wild außerhalb der fürstlichen Besitzungen viel Schaden in den Feldern anrichtete, steht außer Frage. Von jährlichen 40 000 Gulden Wildschaden, der zu begleichen war, wird gesprochen; den in den eigenen Besitzungen nicht mitgerechnet.

Wechselvolle Geschichte

Diese Art zu jagen, die Zeugjagden mit einem Großaufgebot an Menschen – sie wird als „die erste jagdliche Phase" bezeichnet – endete in der Napoleonzeit. Danach erlosch am Hof das Jagdinteresse. Das Revier wurde an einen Holzhändler verpachtet.

Nach 1861 gab es in freier Wildbahn kein Damwild mehr, lediglich im Gatter überlebte es. So blieben dem Revier die besten Stücke erhalten.

Anfang des 20. Jahrhunderts nahm die Eszerhazysche Verwaltung Forst und Jagd wieder in eigene Regie. Der Weg zu kapitalen Schauflern war vorgezeichnet; der erste Weltrekordschaufler kam 1923 aus Gyulaj.

Mit dem Ende des Zweiten Weltkrieges endete auch die zweite Phase der Gyulayer Jagd. Die Eszterhazyschen Besitzungen fielen in Staatshand. Das führte zur Gründung der „Gyulayer Jagdwirtschaft", die einzig und allein als Protokolljagd diente – für die ungarische Partei- und Staatsführung und deren Gäste und die dritte Phase begann.

Das Revier Gyulaj – heute Teil der Gyulaj Aktiengesellschaft, die vier Reviere forstlich und jagdlich bewirtschaftet – zeichnet eine geschlossene Waldfläche von rd. 8000 Hektar aus. Der zwischen Plattensee und Donau im Tolnaer Hügelland gelegene Mischwald fußt auf Lößboden.

Die Zerreiche ist die Hauptbaumart. Je nach Standort – meist kleinflächig – als Gruppen oder Einzelbaum haben Stieleiche, Ahorn, Weißbuche, Linde, Kiefer und Schwarzkiefer ihre Plätze, sie lockern das Waldbild auf.

Die Hauptwildart ist das Damwild. In der Zeit als Protokoll-Revier wuchs der Bestand dem Revier über den Kopf, es drängte in die angrenzende Feldflur und verursachte erheblichen Schaden. Deshalb wurde das Revier 1973 eingegattert. Geschätzter Damwildbestand in dieser Zeit zirka 7000 Stück, der heutige wird mit 3000 Stück angegeben.

Auch Rotwild gehört zum Gyulajer Revier, wenn auch in geringer Zahl (etwa 100 Stück). Was es nicht gibt, ist Rehwild.

Außerdem ist bemerkenswert: bis 1953 war das Revier schwarzwildfrei.

Heute werden neben der Jagd auf Brunftschaufler auch die Standtreiben auf Schwarzwild gerühmt.

Jagdlich betreut wird das Revier von einem Oberjäger und fünf Revierjägern.

Der durchschnittliche Abschuss bei Damwild in den Jahren nach der starken Reduzierung des Bestandes beträgt jährlich rund 500 Stücken Kahlwild und etwa 140 Hirsche. In den letzten Jahren stieg die Strecke wieder an, zirka 900 Stücken wurden im Jagdjahr 2008 erlegt.

Nach Altersklassen sieht die angestrebte Abschussplan-Gliederung wie folgt aus: 40 % alte Schaufler, 40 % mittelalte Schaufler (5 bis 8.Kopf) und 20 % Hirsche bis 3./4. Kopf. Hauptjagdzeit auf Schaufler ist die Brunft.

An den drei Haupt- und fünf (sechs) Nebenbrunftplätzen wird nachmittags und am frühen Vormittag angesessen. Nach der Brunft steht die Pirsch an erster Stelle.

Typisch für den kapitalen Gyulajer Schaufler ist die starke Krümmung der Vorderschaufel nach innen, die beim Ansprechen als breite, kantige Leiste zu sehen ist.

Das Geheimnis der Schaufler

Was die Stärke des Damwildes, besonders die Trophäenqualität der Schaufler bei diesem hohen Bestand betrifft, also die Vielzahl kapitaler Schaufler, die jährlich zur Strecke kommen, ist vor allem auf die Qualität der Äsung und ihre Verfügbarkeit im gesamten Jahr zurückzuführen. Allein mit natürlicher Äsung- Wildwiese und Mast – wäre das nicht zu erreichen. Über Wildäcker, die dosiert geöffnet werden, wird „zugefüttert". Zu den Hauptkulturen Luzerne, Hafer, Weizen und Mais zählt Raps als Winteräsung.

Was neben der Äsung dem Wohlbefinden des Wildes dient, ist die Ruhe im Revier. Und dafür ist in Gyulaj gesorgt. Für das gegatterte Revier besteht während der Brunftzeit Betretungs- und Durchfahr-Verbot. In der Zeit davor und danach werden Durchfahrgenehmigungen erteilt.

Für die Bevölkerung organisiert die Verwaltung geführte Wanderungen und Kutschfahrten.

Zwei gewichtige Voraussetzungen – ausreichend Äsung in bester Qualität das gesamte Jahr über und Ruhe im Revier – sind der Schlüssel für das Erfolgsgeheimnis der Damwild-Bewirtschaftung in Gyulaj.

Wer zur Buntlaubzeit nach Gyulaj reist, wird nicht enttäuscht zurückkehren, nicht enttäuscht von der Landschaft, die ihr schönstes Kleid angelegt hat, und nicht vom Wild, das er in Hülle und Fülle zu sehen bekommt. Er wird zu Schuss kommen auf den einen oder anderen Schaufler. Und er wird die Gastfreundschaft des Jagdhauses und die jagdliche Kompetenz der Berufsjäger zu schätzen wissen – und deshalb gern wiederkommen wollen, um alles wieder erleben zu können.

6
Pobackenberg
Savanne

Pobackenberge bei der Omatako-
Ranch in Namibia.

Vaters Jagderlebnisse am Kilimandscharo

Immer wieder musste Vater mir von Afrika erzählen, von zwei Pflanzenexpeditionen an denen er als Jäger teilnahm. Die Besteigung des Kilimandscharo, 5895 m Höhe, fesselte mich ungemein. Natürlich hatte ich gleich ihm den Wunsch, diesen „Wunderberg", wie er ihn nannte, zu besteigen. Doch gegenwärtig war das unmöglich. Das Jagen in Afrika, wie es HANS SCHOMBURG, der bekannte Afrikaforscher berichtete, musste ein unerfüllbarer Traum bleiben, so lange der „eiserne Vorhang" geschlossen blieb. Also las ich erst einmal alle seine greifbaren Bücher.

Wie kam nun mein Vater in jungen Jahren dazu, an zwei Afrika-Expeditionen teilzunehmen? In seiner Heimatstadt Dresden hatte er zwei Schulfreunde, deren Eltern Franzosen waren. Als es auf den ersten Weltkrieg zuging, mussten die Familien Deutschland verlassen. Beide Söhne studierten Biologie und wurden auch Kriegsteilnehmer, und ebenso mein Vater in Russland und Frankreich. Alle drei überlebten und begegneten sich in Paris wieder. Dabei mussten sie feststellen, dass sie sich im Schützengraben vor Verdun gegenüber gelegen hatten … .

Nach dem Ende des Weltkrieges wurde eine Planzenerkundungsexpedition vorbereitet, an der die beiden jungen Biologen teilnehmen sollten. Gesucht wurde noch ein zuverlässiger Jäger als Begleitperson, und dazu wollten sie meinen Vater gewinnen. Dieses Angebot fiel bei ihm auf fruchtbaren Boden. Vater hatte zunächst die Gärtnerische Fachschule „Flora" der Königlich-Sächsischen Gesellschaft für Botanik und Gartenbau besucht. An die durch Freunde im Erzgebirge wachgerufene Leidenschaft für die Jagd, schloss sich eine forst- und jagdliche Ausbildung an, die er mit Bravour bestand. All das machte ihn „geeignet" als jagdliche Begleitperson für eine Pflanzenexpedition

Wird sich mein Traum von der Besteigung des Kilimandscharo erfüllen?

129

Fahrt durch die Savannenlandschaft – faszinierend die Termitenhügel.

nach Afrika. Als erstes Reiseziel war Ostafrika, u.a. das Kilimandscharogebiet vorgesehen. Die Berichte über die Besteigung von Afrikas höchstem Berg und das Zusammentreffen mit der afrikanischen Tierwelt fesselten mich immer aufs Neue.

Mein Traum von Afrika

Der „Traum von Afrika", den ich seit meiner Jugend träumte, sollte sich erst nach der „Wende" für mich erfüllen. Anlässlich *„50 Jahre – unsere Jagd"* begleitete ich im Jahre 2000 die erste Leserreise nach Namibia. Ziel war die 27 000 Hektar-Farm „Omatako-Ranch". Diese Farm liegt malerisch auf einer Anhöhe vor dem Hintergrund der Omatako-Pobacken-Berge. Sie besitzt einen sehr guten Wildbestand.

Namibia – mehr als doppelt so groß wie Deutschland – und mit einer der niedrigsten Bevölkerungsdichten der Welt – kennzeichnen gegensätzliche Landschaften: im Zentralplateau eine Dornbuschsavanne, dichte Busch-Baum-Savannen und die endlose Steppe der Etoscha-Pfanne im Norden, der Fischfluss im Süden und die Namib – die älteste Wüste der Welt – im Westen des Landes.

Namibia ist in erster Linie Viehwirtschaftsland, das aber aufgrund seiner großen Fläche auch einer Vielzahl wild lebender Tiere Lebensraum bietet, die den Farmen die Jagd erlaubt. Als Jäger erlebt man dort eine Art „Ferien auf dem Bauernhof". Das tägliche Leben, in das die Jagd einbezogen ist, spielt sich vor den Augen des Jagdgastes ab. So auch auf der Omatako-Farm. Der gut eingerichtete Gästetrakt mit kombiniertem Speise- und Aufenthaltsraum, der durch eine umlaufende Glasfront einen Ausblick auf die Farm erlaubt, ist direkt in das Farmhaus integriert. Neben Jagd und Erholung auf der Farm werden auch Safari-Touren zur Etoschapfanne im Norden angeboten.

Mitte Mai 2000 also Start nach Namibia. Wir waren allesamt „Afrika-Neulinge" und dem entsprechend groß waren die Erwartungen: was wird sein, wie wird es sein?

Vom Flughafen der Hauptstadt Windhoek aus unternahm die Gruppe zunächst eine kleine Stadtrundfahrt. Und was sogleich auffiel; die Straßenbezeichnungen – deutsch! – was auf die Erinnerung an die deutsche Kolonialzeit von 1884 bis 1915 verweist, als das Land „Deutsch-Südwestafrika" hieß.

In der Farm angekommen, ging es nach Quartierbezug und einer kleinen Abruhpause zur ersten Revierfahrt bei namibischem Wetter: trocken, warm – doch nicht heiß. Dabei lernten wir nicht nur die Landschaft kennen, in der vom kommenden Tag an gejagt werden sollte, es begegneten uns auch die ersten Wildtiere: Giraffen, Springböcke, Strauße – und, und, und ... .

Wir jagten auf verschiedenen Farmen und bekamen – dank der durchdachten Jagdführung von Meisterjagdführer Johan – so ziemlich alles zu sehen, was das Land an Wildreichtum zu bieten hat: vom Kudu bis zum Springbock, vom Pavian bis zum Geparden und von der Riesentrappe bis zum Raubadler. Und ich sah zum ersten Mal Termitenhügel, die mich auf Bildern in Afrika-Büchern schon früher fasziniert hatten. Termitenhügel prägen die Landschaft der Savanne, sie sind der oberirdi-sche Teil der Termitenbaue. Für die Ernährung und zum Schutz der kleinen Insekten sind sie lebensnotwendig. Kammern, Gänge und Schlote sind in den Hügeln so angeordnet, das trotz äußerer Hitze und Trockenheit im Inneren ein konstantes Mikroklima erzeugt und aufrecht erhalten werden kann. Das Baumaterial sind Erde und zerkautes Pflanzenmaterial. Als Bindemittel dienen Kot und Speichel der Termiten, nach dem Trocknen kann damit eine enorme Festigkeit der Wände erreicht werden. Termiten sehen den Ameisen ähnlich, sind aber nicht mit ihnen verwandt, sondern sie stammen von den Schaben ab. Termitenhügel können mehrere tausend Jahre alt werden.

Wer einmal auf dem Pirschwagen stand und bei Morgenkühle oder strahlendem Sonnenschein durch die Weiten der Dornbuschsavanne fuhr, schließt die herbe Schönheit der Landschaft ins Herz. Und wenn es dann heißt: „Da – siehst du hinter dem Kameldornbaum den starken Oryx? Runter vom Wagen, versuchen wir's ...!" – dann schlägt der Puls wie beim ersten Bock

Das Geburtstag-Geschenk zum 59. – eine Hartebeest-Antilope.

oder beim ersten Hirsch. Bequem war die Jagd nicht. Tage zuvor hatte ein ungewöhnlich starker Regen die Savanne in ein Grasland verwandelt, das Anpirschen wurde dadurch zur aufregenden Jagd. Erfolg hatte Jeder – ob mit einem kapitalem Kudu, einem Warzenkeiler, einem Oryx oder einem Springbock. Jagen in faszinierender, afrikanischer Natur ist das eine. Wie es nun heute um Jagd und Wild in Namibia steht, das ist etwas anderes. Die Fahrten durch die Farmen machten es sichtbar: hier wird der Wildreichtum pfleglich behandelt.

Am nächsten Vormittag fuhr jeder von unserer Gruppe mit seinem Jagdführer im Jeep ins Revier. Mich nahm ein junger Jagdführer in seine Obhut, und wir fuhren zur Pirsch in die Savanne in der Nähe der Ranch. Dabei hatten wir einzelne Oryx im Anblick – doch plötzlich stand neben einem Dornbusch eine Hartebeest-Antilope! Nach Einschätzung des Jagdführers war es ein „ganz starker alter Bulle"! Wir fuhren ihn näher an ... und er hielt aus. Jetzt mußten wir vorsichtig zu Fuß näher pirschen ... und das gelang uns auch. Als ich ihn frei hatte, strich ich am Zielstock an und – Schuss! ... und ab ging das Stück – doch ziemlich langsam .... „Wir müssen nachpirschen ..." bedeutete mir der Jagdführer, doch sehr weit brauchten wir ihm gar nicht zu folgen: hinter Dornbüschen hatte er sich eingestellt. Durch die Äste hindurch suchte ich eine freie Stelle auf dem massigen Körper – und im Schuss sackte er zusammen. Kaum in Afrika angekommen und schon „Weidmannsheil!" auf einen kapitalen Hartebeest-Bullen.

Mein Geburtstagsgeschenk – zu meinem 59. holte ich mir aus dem Busch!

Markantes Kennzeichen der Hartebeest- oder Kuhantilope ist die schwarze Zeichnung in der Mitte des langen Gesichts. Unverwechselbar die Form der 70 cm langen Hörner, die sich leierförmig nach außen und oben biegen.

Das besondere Erlebnis unter dem Kameldornbaum!

„Auf zur Erindi-Ranch!" rief Johan mir und Helmut zu. Rein in den Jeep und los ging's zu den Kudus. Der Weg durch Dornbusch und Riesenfarn wollte kein Ende nehmen. Giraffen kreuzten unseren Weg und Strauße, frische Leopardenspuren machten wir aus und Tritte von Nashorn und Elefanten. Weiter ging's durch Grasland und Busch. Dann ein Zeichen! – und der Wagen hielt .... Endstation. Ein Stück zu Fuß – da eröffnete sich uns das Wunder: Seenlandschaft offen und bewachsen, Bäume und Strauchwerk bis ans Ufer, dahinter die Berge – ein Paradies!

Heiß war es und still ... knisternde Spannung wie vor einem Gewitter. Plötzlich Bewegung drüben am Ufer: ein Warzenschwein tauchte auf, spazierte am Wasser entlang und verschwand im Busch. Wieder diese unheimliche Stille. Eben noch blickte Johan wie abwesend auf's Wasser ... da durchzuckte es ihn, er schreckte auf wie von einer Tarantel gestochen – am linken Uferrand stand ein Kudu, ein wahrer Koloss. „Wir müssen näher heran", flüsterte Johan Helmut zu. Gute 200 Meter mochte die Entfernung noch betragen; näher heran ging nicht. Ich streifte einen Ast oder bewegte nur den „eingeschlafenen" Arm – der Kudu warf auf und sicherte zu uns herüber. Stockstill stand er – eine Ewigkeit ... wie ein Feisthirsch am Dickungsrand. Endlich bewegte er sich ein paar Schritte, ließ aber den Kameldornbaum, unter dem wir hockten, nicht aus den Augen. Nur keine Bewegung, fieberte es mir durch den Kopf, dann ist es aus mit dem Traum vom Kudu. Endlich trat er heraus aus dem Schatten, ... drehte sich ganz bedächtig, ... ging ein paar Schritte, ... stutzte wieder – jetzt Schuss! Kurze Flucht ... getroffen!

Als Helmut die geschwungenen Hörner berührte, ging es ihm durch und durch – das „Afrikafieber". Und ich gratulierte Helmut mit einem kräftigen „Weidmannsheil !" zu seinem starken Kudu.

Die Karivo-Farm „Bergland"

Nicht nur Einsteigern machte die Zeitschrift *„unsere Jagd"* den Mund wässrig mit der Leserreise im Juni 2005 nach Namibia. Auch afrikaerfahrene Jäger waren neugierig auf die in der Nähe der Hauptstadt Windhoek gelegene Bergland-Farm „Karivo-Lodge" von Ivo Lühl. Die Jagd auf Kudu und Oryx, Hartebeest und Warzenschwein in der felsigen Dornbuschsavanne stand im Vordergrund. Doch in der Zeit zwischen den Jagden wollte man sich in guter Gesellschaft auch wohlfühlen – mit anderen Worten: man wollte einmal „Afrika–Atmosphäre" erleben. Und diese Erwartungen wurden erfüllt. Von der weitläufigen Bergland–Lodge – ob vom Zimmer aus oder von der Terrasse – lag vor den Augen ausgebreitet das Land mit seinen Felskuppen und Bergkegeln. Vom 1700 Meter hohen „Rondell" konnte man sich dem Zauber des Sonnenuntergangs hingeben und am hellen Band der Milchstraße das Sternbild der Seefahrer, das Kreuz des Südens, bewundern und sich daran sattsehen.

Was die 6000-Hektar-Farm an Wild beherbergt, davon überzeugten sich die Jäger – gewissermaßen als Vorgeschmack auf die Jagd – bei der ersten Revierfahrt: Herden von Hartebeests, Kudu- und Oryxrudel, Springbocktrupps, Warzenschweinrotten, Straußenfamilien und die überall gegenwärtigen Paviane. Durch ausgetrocknete Flussläufe ging die Fahrt, vorbei an Kameldorn-bäumen, in denen die Mahali-Webervögel ihre Nester gebaut hatten.

Als es am nächsten Morgen hieß: „Auf zur Jagd!", und die Jäger vom Farmer Ivo Lühl zu den Fahrzeugen „dirigiert" wurden, spürte man bei allen eine gespannte Erwartung: wie wird es sein, das Jagen in der Buschsavanne, in den Felsenschluchten und am Berg.

Jürgen, der vormittags mit seinem Jagdführer Pieter im Geländewagen pirschte, konnte einen guten Warzenschweinkeiler, der im Troll durch die Grassteppe wechselte, zur Strecke bringen. Aber am Nachmittag traf es Jürgen „hart" – durch den Kopf geisterte ihm ein Kudu ... kaum gesagt, ging's los – mit dem Jagdführer, mal im Pirsch-, mal im Laufschritt bergauf, bergab. Als dann beide einen ganz starken Kudu mit fast schwarz gefärbtem, weit ausladendem Gehörn voll im Blick hatten, blendete das Gegenlicht. Zum Stellungswechsel ließ der Kudu den Jägern keine Zeit, er verschwand über den Bergrücken – zu Ende die Pirsch!

Dann fuhr ich mit dem Jagdführer Pieter in ein felsiges, schluchtartiges Gebiet. In dem von Felsen und Sträuchern duchsetzten Tal entdeckten wir einen einzelnen Oryx. Pieter meinte: „ganz stark und alt!". Also runter vom Wagen und zu Fuß etwas näher heran ... und das gelang. Vor mir hatte ich festen Halt zum Anstreichen.

Helmut mit seinem starken Kudu.

Auf der Karivo-Farm „Bergland" – mit Peter auf Oryxpirsch.

Im Schuss zeichnete das Stück und ging langsam ab. Also Nachpirschen! gab Pieter mir zu verstehen, und schon hatten wir ihn im Blick: er stand angelehnt an einem Felsen… und im Schuss sank er zusammen. Am Stück dann verhaltener Jubel vom Jagdführer Pieter: er schüttelte mir die Hand und lobte: sehr stark und alt! Ich hatte es so erhofft…. Bei den Oryx- oder Spießbock-Antilopen haben beide Geschlechter dieser Groß-Antilopen lange spitze und gerade Hörner und eine typische schwarze Gesichtsmaske. Die Hörner der männlichen Stücke sind etwas kürzer, doch kräftiger als beim weiblichen Wild.

Am folgenden Tag ging es in ein bergiges Gelände. Ich hatte den Wunsch geäußert, noch eine alte Oryx-Dame zur Strecke bringen zu wollen. Im Tal eines langen Bergrückens wäre der Einstand von Oryx-Rudeln. Dorthin fuhr ich heute wieder mit Jagdführer Pieter. Bedachtsam kraxelten wir den Hang hoch. Als wir von der Höhe ins Tal blicken konnten, wechselte ein starkes Rudel tiefer ins Tal hinein. Für heute begrub ich also mein „jagdliches Heil"…. Doch da wechselte oberhalb von uns ein weiteres Rudel ins Tal…. Pieter entdeckte darunter sofort eine alte Oryx-Kuh… er schüttelte sich vor Aufregung und machte mich mit einem Zeichen darauf aufmerksam. Ich verstand sofort und brachte mich in Schussstellung: Alle Stücke hatte ich im Blick, die Augen wanderten von Stück zu Stück. Als das vermeintliche Stück ganz frei stand, nickte er und ich konnte meine Büchse Hochblatt ins Ziel bringen – und Schuss – und Zusammenbrechen – und Ruhe. Am Stück dann die Bestätigung: nicht führend und alt. Das Bergen bereitete keine Schwierigkeiten, der Talboden war gut befahrbar.

In der Farm dann die Gratulation von Ivo zu den beiden starken, alten Oryx. Alle Jäger kamen zu Erfolg, mehrfach sogar. Außergewöhnlich starke Hartebeest und Oryx lagen auf der Strecke. Die Waffen von zwei erlegten Warzenschwein-Keilern riefen selbst beim Farmer und Meisterjagdführer Ivo Lühl Staunen hervor. Anstrengend war sie schon, die freie Pirsch, mal mehr, mal weniger – erst gehörig auf dem Jeep durchgeschüttelt – dann über Geröll und durch nadelscharfen Busch den Hang hinauf…. Aber dafür wurde man reich belohnt – mit gutem Anblick und vielen jagdlich aufregenden Situationen. Als es hieß „Jagd vorbei", Koffer packen und Start zum Airport Windhoek, war etwas zu spüren vom „Afrika-Fieber".

Bei der dritten Leserreise nach Namibia mit den drei Jagdzeitschriften des Deutschen Landwirtschafts-Verlages handelte es sich nicht um eine ausschließliche Jagdreise, inbegriffen war eine Safari-Tour in den Etoscha Nationalpark, sowie eine Fahrt durch das Damaraland an den Atlantik zur Robbenkolonie und weiter nach Swakopmund.

Die erste Gruppe sollte ich begleiten und die Jäger bei der Jagd erleben, also mit ihnen jagen. Diese Erlebnisse sollten dann in einem Beitrag für die Leser der drei Zeitschriften erscheinen. Vom Reiseveranstalter wurde wegen der großen Nachfrage noch eine zweite Reise „nachgeschoben".

Das erste Reiseziel war im wildreichen Norden Namibias die 7000 ha große Farm Hillendale von Johann van den Berg. Schon beim Kennenlernen der reisefreudigen Jäger vor dem Abflug nach Namibias Hauptstadt Windhoek war die neugierig verhaltene Spannung zu spüren, wie es wohl sein wird beim Jagen auf der Hillendale-Farm von Johann und Imke van Berg. Ob Einsteiger oder „Afrikaerfahrene"

Das über 2500 Meter hohe Brandbergmassiv im Damaraland.

– uns alle verband die Lust auf anderes Jagen, auf anderes Wild, und die Sehnsucht, das Geheimnis einer anderen Welt des Jagens neu oder wieder zu entdecken.

Auf der Fahrt von Windhoek in den Norden Namibias ließen wir Europa in Gedanken zurück, nun zog der Südwesten Afrikas uns in seinen Bann: karges Bergland, Grasebenen, Savannen aller Art mit Busch und Baum und Strauch ... und als Fixpunkte die kleinen Städtchen Okahandia, Otjiwarongo und Outjo. Als in Outjo vom Asphalt auf die Schotterpiste gewechselt wurde glaubten wir, unser Ziel bald erreicht zu haben. Doch gute 70 Kilometer Staubfahrt lagen noch vor uns, bis wir die Oase Hillendale, die Jagdfarm von Johann und Imke van den Berg erreichten.

Obwohl müde vom Nachtflug und matt von langer Straßenfahrt durchs Land, belebte uns die Herzlichkeit der Begrüßung, als wären alte Bekannte zurückgekehrt von einer langen Reise. Wie Johann seine Farm und die Nachbarfarmen Kuduberg und Pamele, wo ebenfalls gejagt werden sollte, uns mit den Jagdführern bekannt machte, war sie plötzlich da – die Afrika-Atmosphäre! Denn jetzt ging's zum Jagen in den Dornbusch, in die Gras- und Buschsavanne auf Oryx, Springbock und Warzenkeiler. „Und wen von den Gästen es reizt, auf Kudu, Eland oder auf Wasserbock und Gnu zu pirschen ...", fügte Farmchef Johann mit einladender Hand und mit einem Lächeln im Gesicht hinzu, „dem steht nichts im Wege!" Wer wurde bei so viel südafrikanischem Charme nicht vom Afrikafieber befallen?

Am nächsten Morgen gespannte Erwartung als die Jagdführer das Signal zum Aufsitzen gaben. Mit Hans aus Mecklenburg-Vorpommern, Jagdführer Henko und Fährtenleser Alfa fuhren wir zur Jagdfarm Kuduberg. Dort stieg der Färtenleser Jermias zu. Wir sahen Springbock-Herden und die ersten Oryx. An einem „Fel-senberg" inmitten der ebenen Savanne machten wir Halt, kletterten hinauf und hielten Ausschau nach Wild: in der Ferne entdeckten wir Gnuherden und unter uns am Fuß des Berges: Hartebeests. Plötzlich wurden Henko und Jermias unruhig: „Siehst du zwischen Mupani-Bäumen die vier Eland?" wandte sich Henko fragend mir zu. Ich entdeckte die Tiere, und auch Hans hatte sie im Glas. So rasch es ging, kletterten wir hinunter zum Jeep. Langsam fuhren wir einer Felsbiegung zu, und überraschend überfielen die vier Eland den Weg – zuletzt ein ganz, ganz starker! Nun hieß es für uns: die Fährte in „Pirsch-Formation" aufnehmen!

Wie ein auf gesunder Fährte eingearbeiteter Schweißhund fand Jermias den Weg der Elands. Ganz vorsichtig drückte er die Zweige einer Akazie zur Seite – und wir schauten einem Oryx-Trupp regelrecht „in die Augen" ... und mitten unter ihnen: der starke Eland. Unsere Herzen pochten schneller und schneller. Henko schob den Zielstock auseinander, so konnte Hans, ohne sich viel bewegen zu müssen, anstreichen und schießen. Im Schuss rasten die Oryx nach rechts und nach links ... der Eland ... getroffen, aber noch auf den Läufen, verdrückte sich hinter Buschwerk. Nach Augenblicken des Verharrens, begann das aufregende Nachpirschen. Da tauchte der Eland hinter einem Dornbusch auf – und Schuss ... und zweiter Schuss – und weiter zog der Eland, immer gedeckt von hohem Gras und Sträuchern. Dann – endlich ein freier Fleck – im Schuss nun die Erlösung! Beim Griff auf die schraubenförmige Windung des eng gedrehten geraden Gehörns der größten Antilopenart erschien ein Strahlen in den Augen von Hans ...! Helmut aus Niedersachsen hatte schon gute Strecke gemacht, doch einen starken Kudu wollte auch er gern noch zur Strecke bringen. Und sein Wunsch fand Zustimmung – wir

Ausschau nach Wild von hoher Warte haltend.

fuhren durch schier unendlichen Dickbusch – und sahen erst mal: nichts! Weder einen kapitalen Kudu noch anderes Wild. Von einem riesigen Felsenberg herab erblickten wir endlich Kudukühe mit ihren Kälbern.

Doch wo war der starke Bulle? Er muss doch ganz in der Nähe sein, versicherte Marius. Also näher heran an das Kahlwild... da eräugte uns eines der Tiere... das Sichern dieses scheinbar brunftigen Tieres lockte einen Kudurecken hervor. Im Schuss sahen wir ihn zeichnen und abspringen. In der Fluchtfährte dann fand sich Lungenschweiß.... Nach 80 bis 90 Schritten entdeckten wir ihn zusammengesunken in der

Fluchtfährte. Das „Weidmannsheil!" des Jagdführers Marius werde ich nicht sogleich vergessen, tief aus seinem Herzen kam es. Stolz wie ein Spanier erzählte Friedemann aus Brandenburg sein Kudu-Erlebnis – und er hatte allen Grund dazu.

Am nächsten Morgen ging es mit dem Jagdführer Mills zeitig zur Pirsch in die Felsenberge der Pamela-Farm. Vom Jeep aus sahen wir mehrere Kudus, die den Hang vor uns hinauf zogen. Bis sie hinter der Bergkuppe verschwunden waren, warteten wir – dann pirschten wir los... ganz

*Paul aus Hessen am Wasserloch –
wie aus dem Nichts stand er da der hirschähnliche
Wasserbock.*

schön gepustet hab' ich dabei! Vom Kamm aus sahen wir die Herde die Senke durchwechseln und dann den Gegenhang anwechseln. Als ich das Gewehr von der Schulter nahm, mochten die Stücke gut 180 Meter entfernt sein. „Schießen" – den Letzten!" flüsterte Mills mir zu…. Auf Pfiff reagierten die Stücke nicht, sondern sie zogen unaufhaltsam weiter… und ich zog mit dem Gewehr mit, berührte im rechten Moment den Abzug und – atmete tief durch, als Mills mir die Hand mit „Weidmannsheil!" entgegenstreckte.

Eine tolle Wasserbockjagd

Auf Eland und Oryx hatte Paul aus Hessen bereits erfolgreich gejagt, etwas Besonderes stand aber noch aus: Jagen auf den Wasserbock – davon hatte auch ich schon lange geträumt. Und dann hatte ich mit meinem Jagdführer Björn ein tolles Erlebnis. Zu dritt – Björn, Paul und ich – pirschten wir dem vom Fährtenleser aus-

gemachten Kapitalen einen ganzen Vormittag nach. Denn immer, wenn wir ihm endlich nahe waren, schützte ihn der Dornbusch, und er entwischte uns. Am Nachmittag gönnten wir uns eine Pause am Wasserloch.

Kudus kamen und Oryx, auch Weißschwanzgnus und Schakale…. Man war fasziniert vom Kommen und Gehen des Wildes. Plötzlich stand ein Keiler da, und was für einer! Paul griff nach der Büchse. Da liefen so mir nichts, dir nichts an die zwanzig Streifengnus dazwischen…– und fort war der Keiler. So ein Pech aber auch!

Als die Gnus nun weiter gezogen waren, erschien – wie aus dem „Nichts" – der „hirschähnliche" Wasserbock mit den langen, stark geringelten, weitgeschwungenen und nach vorne gerichteten Hörnern. Auf den Schuss hin drehte er ab ... und nach gut 150 Metern standen wir vor einem ganz kapitalen Wasserbock – was für ein „Weidmannsheil!" Paul hatte ihn eigentlich einem starken Warzenkeiler zu verdanken, der vor der Gnuherde Reißaus genommen hatte.

Ebenso spannend wie die Jagd, verlief das Erzählen am Abend. Alle Einzelheiten hatten Gewicht: Das Abrutschen am Felsen, das „Hautaufkratzen" am Kameldornstrauch, das Abtauchen des Wildes im Strauchgewirr ... das Alles gehört zum Erlebnis „Afrikajagd": Das tiefe Atmen der Natur beim Zauber des Sonnenuntergangs ... oder wenn die Giraffen wie Schaukelpferde wiegend aus ihren Einständen zum Wasser ziehen ... .

Dass diese Tage und Abende – ob unterm hohen Rieddach der Lodge oder im Freien unterm Kreuz des Südens – mit den glückhaften, gemeinsamen Stunden die für die Leser-Reise-Gruppe zur verbleibenden Erinnerung wurden, haben wir der wohltuenden Obhut der Farmleute Johann und Imke und den Jagdführern, die allabendlich dabei waren, zu verdanken.

Am Schluss der Reise wollte mich Johann noch auf einen Kudu zu Schuss bringen: „Du bist bei den Jagden stets dabei gewesen; du hast mit den Jägern auf dem Jeep gesessen, mit den Jagdführern das Wild ausgemacht und hast die Erlegung hautnah erlebt – als mein Dank für deine Begleitung der Jäger, möchte ich dich noch auf einen Kudu zu Schuss bringen. An meinem „liebsten" Wasserloch, wo viel Wild wechselt, habe ich eine Kanzel errichtet, so eine wie sie in deutschen Revieren stehen, dort wollen wir am Abend ansitzen!"

Auch an diesem, unserem letzten Abend wechselte viel Wild das Wasserloch an. Ich konnte mich kaum satt sehen an dem Hin und Her.

Es war schon spät, aber noch Büchsenlicht, als Johann mich sacht berührte: „Dort am Rand der Kudu – alt und mit starkem Gehörn!" Im Fadenkreuz des Zielfernrohres fuhr ich mit dem roten Punkt Hochblatt – und Schuss... und Fall! Im Feuer lag der Kudu am Rand des Wasserlochs. Johann baumte zuerst ab ... dann folgte ich seiner Armbewegung nach und konnte mich freuen über einen starken, stattlichen Kudu!

Fahrt zur Skelettküste

Und weiter ging unsere Safari-Fahrt durch die Namib-Halbwüste zur Skelettküste. Mit dem Namen „Skelettküste" wird der nördliche Teil der Meeresküste Namibias und deren Hinterland bezeichnet, der von der Küstenstadt Swakopmund bis zum Kumene, dem Grenzfluss des nördlich gelegenen Angola reicht. Die Skelettküste ist Teil der Namibwüste. Entlang der Küste liegen Hunderte von Schiffswracks in Ufernähe und am Strand. Nebel, heftige Brandung und unberechenbare Strömungen – durch den an der Küste nordwärts fließenden Benguelastrom – machen die Küste von jeher und bis heute für die Schiffahrt gefährlich. Der Name bezieht sich sowohl auf die Schiffs-„Skelette", die echten Skelette der Gestrandeten, die keine Überlebenschance hatten und verdursteten, aber auch auf die zahlreichen Gerippe von an Land gespülten Walen. Der aus der Antarktis kommende, kalte Benguelastrom ist auch die Ursache für die direkt am Strand beginnende Küstenwüste.

Hier an der Atlantikküste befindet sich eines der größten Sammelgebiete der südafrikanischen Seelöwen, eine Ohrenrobben-Art am Festland. Sie bilden hier das „Robbenreservat Kreuzkap", eine Kolonie bis zu 250 000 Tieren, die hier im Oktober und November ihre Jungen gebären. In dieser Massierung stellen die Robben ein echtes Problem für die Fischerei dar, weil sie täglich etwa acht Prozent ihres Eigengewichts an Fischen fressen. Um eine Überpopulation zu verhindern, werden am Kreuzkap jährlich Robben in größerer Zahl getötet.

Hans aus Mecklenburg erlegte einen ganz, ganz starken Eland.

Die Seelöwenkolonie haben sich Schabracken-schakale und Hyänen zum Lebensraum gemacht, sie leben hier am Rand der Wüste und ernähren sich von den Robbenjungen.

Vom Kreuzkap ging es weiter nach Swakopmund. Die Stadt liegt in der Namik, direkt am Atlantik. Sie gilt bis heute als „deutscheste" Stadt Namibias. Die namibische Küstenstadt Swakopmund wurde zu Kolonialzeiten als „südlichstes deutsches Seebad" bezeichnet. Von besonderer touristischer Bedeutung ist die Küstenstraße, die auf der einen Seite vom Atlantik und auf der gegenüberliegenden Seite von hohen Sanddünen begrenzt ist. In Swakopmund spürt man auf Schritt und Tritt die deutsche Koloninalarchitektur noch immer mit deutschen Straßennamen z. B. die „Bismarkstraße" im Zentrum aber auch mit „deutschen Bäckern". „Deutsch" ist Swakopmund heute aber nicht mehr. Zwar leben hier viele „deutsch sprechende" Leute, doch sie sind eine Minderheit – meistens sind es die Nachkommen deutscher Kolonisten, doch auch Deutsche, die später aus-

gewandert sind. Gegründet wurde Swakopmund von Deutschen im Jahre 1892. Diese Stadt mit den Palmen, die im Wind wehen, ist eine charmante Oase zwischen dem Atlantik und der Namib-Wüste.

Von den hohen Sanddünen besuchten wir die etwa 130 m hohe Düne 7 in der Walfischbucht. Die Farbe der Namibia-Sanddünen ist Orange-Rot. Das Farbspiel der Namib-Wüste wird noch übertroffen beim Sonnenauf- und beim -untergang, wenn die Wüste „Feuer fängt". Die Sanddünen in Namibia sind wunderschön und zugleich einer der unwirtlichsten Orte unseres Planeten: Soweit das Auge reicht – alles nur Sand. Die Namib-Wüste liegt im westafrikanischen Namibia und Angola. Sie ist mit geschätzten 80 Millionen Jahren, die älteste Wüste der Welt. Die Sanddünen der Namib bestehen aus buntem, reinen Quarzsand und schimmern in den unterschiedlichsten Rot-Orange-

Tönen. Diese rot-orange Farbe wird durch das Eisenoxyd im Sand hervorgerufen. Je intensiver das Rot der Düne, desto älter ist sie. Man kann über die Kämme der Sanddünen wandern und dabei das Farben- und Schattenspiel beobachten, das sich stetig vor den Augen verändert.

Nach unserer Wanderung auf dem Kamm der Düne 7 der Namib-Wüste stand zum Ende der Erlebnis-Safari noch eine Fahrt zur Walfischbucht – der Meeresbucht am Atlantik an der zentralen Küste Namibias – zum bedeutendsten Seehafen Namibias im Programm.

Mit dem Boot ging es von der Walfischbucht hinaus auf das offene Meer zum Beobachten der Heavyside-Delfine und der Pelikane. Delfine hatte ich bereits am Schwarzen Meer kennen gelernt und ihre Springkünste bewundert. Jetzt hatten wir sie ganz in der Nähe vom Boot, wie sie auftauchten, sich lang streckten, als wollten sie durchs Wasser fliegen, um gleich wieder unterzutauchen und wieder mit den Übungen von Neuem zu beginnen. Wir hatten Glück, wir fuhren an mehrere Delfingruppen heran. Die Pelikane bekamen wir erst bei der Rückfahrt in die Bucht zu Gesicht. Leider mussten wir die Beobachtungsfahrt wegen des starken Wellengangs vorzeitig abbrechen.

Am nächsten Tag hieß es Abschied von Namibia nehmen, und alle dachten an ein Wiedersehen, als der Flieger vom Aerport Windhoek abhob und uns wieder in die Heimat brachte.

Wenn ich auch die drei Leserreisen von der Zeitschrift *„unsere Jagd"* zur Jagd nach Afrika begleiten durfte, und mir viele unvergessliche Erlebnisse beschert wurden, stand eine Reise noch aus: die ersehnte Besteigung des Kilimandscharo. Der Virus, der durch Vaters Erzählungen in mir schlummerte war erwacht. Doch meine Oberärztin vom Leipziger Herzzentrum riet mir dringend davon ab, obwohl sie selbst gern mitkommen würde. Die Anstrengungen wären für meine jetzi-

ge körperliche Verfassung zu groß und der Ausgang ungewiss. Also nahm ich Abschied von dem Gedanken, den Kilimandscharo, gleich meinem Vater wenigstens einmal zu besteigen … .

Besuch des Etoscha Nationalparks

Für den letzten Tag hielt Farmchef Johann für die Gruppe noch einen „Leckerbissen" bereit: eine Safari – Fahrt zum „Etoscha Nationalpark" zur Wildbeobachtung. Der 22 935 Quadratkilometer große Nationalpark im Norden von Namibia ist das bedeutendste Schutzgebiet des Landes. Im Jahr 1964 wurde er zum Nationalpark erklärt. Komplett eingezäunt wurde der Park im Jahr 1973. Der Park hat vier Zugänge und sechs Unterkünfte. Einlass ist von Sonnenauf- bis Sonnenuntergang. Nur an wenigen ausgewiesenen und umzäunten Stellen ist das Verlassen der Fahrzeuge gestattet. Da es im Park keine fließenden Gewässer gibt, ist das Wild auf natürliche und künstliche Wasserstellen angewiesen. Die Straßen im Park führen an allen Wasserstellen vorbei. Diese Wasserstellen sind nachts beleuchtet, so können im Park wohnende Gäste auch zu später Stunde Wild beobachten.

Welwitschia mirabilis Hook – pflanzliches Fossil, kommt nur in der Namib-Wüste vor.

Am großen Wasserloch sahen wir uns an den Zebra- und Springbockherden satt.

Im Park kommen mehrere Vegetationszonen vor: Im Norden die fasst unbewachsene Kalk-salz-pfanne, sodann weite Grasfelder, Kurz-strauch-Savannen und Dornbusch-Savannen mit verschiedenen Akazienarten. Im Süden Mopanesavanne, Mopanebaumfelder, Gemisch-ter Trockenwald, Terminalia-Trockenwald und Dolomit-Inselberge. Von der reichen Tierwelt sind auf der Safari durch den Park der Afri-kanische Elefant, Giraffen, Löwen, Leoparden, Geparden, Zebras, Streifengnus, Elenantilopen, Kudus, Oryxanti-lopen, Impalas und in der Vielzahl Springböcke anzutreffen. Unsere Safari führte über den südlichen Eingang zur Touristenübernachtung im Busch. Dort war unsere erste Station der Beobachtungsplatz am „großen Wasserloch". Hier konnten wir das muntere Treiben der Springböcke am und im Wasser erleben und sehen, wie die Zebras der Tränke zuwechselten.

Nach ausgiebiger Beobachtungszeit fuhr Johann mit uns weiter hinein in den Busch zum Picknick-Platz an einem nächsten Wasserloch.

Hier hatten wir ein besonderes Erlebnis, als die Giraffen zur Tränke zogen. Da am Wasserloch noch Ruhe herrschte, hielten wir erst einmal ausgiebig Picknick. Dann nahmen wir Platz am Geländer – das langgestreckte, schmale Wasserloch im Blick. Giraffen waren noch nicht zu sehen, sie ruhten noch im Schatten der Schirmakazien, oder sie waren mit Wiederkäuen beschäftigt. Da kam eines

Giraffen beim Wasserschöpfen – erst Vorderläufe breit gestellt dann Hälse gesenkt.

der Tiere im Schatten einer Akazie hoch, nur der Kopf und ein Stück vom Hals waren zu sehen. Hin und her drehte die Giraffe den Kopf – das veranlasste mehrere Stücke dasselbe zu tun. Langsam, bedächtig schritten nun mehrere Giraffen um die Akazien herum, dabei ihre Köpfe und die langen Hälse hin und her bewegend, bis sie sich entschlossen, ins Freie zu treten und in die Grassteppe Richtung Wasserloch zu wechseln. Am Wasserloch angekommen prüften sie, ob sie sich sicher fühlen konnten … dann stellten sie die Vorderläufe weit auseinander und senkten die langen, schlanken Hälse, um zu schöpfen…. So ging diese „Zeremonie" eine gute Weile, bis alle Tiere wieder kehrt machten, um auf Äsung in den Busch zu ziehen…. Dort streiften sie anschließend mit ihren langen Zungen die Blätter von den Bäumen ab. Nun drängte Johan zum Aufbruch, also zum Aufsitzen – und die Fahrt durch den Park ging

Oryxherde – stets sichernd den Busch durchwechselnd.

weiter. Plötzlich verlangsamte er die Fahrt auf der Straße: aus dem Busch trat gemächlich ein Afrikanischer Elefant! Er überquerte die Fahrstraße und machte am Wasserloch Halt. In aller Ruhe konnten wir ihn beobachten. Nach einiger Zeit setzte sich der Koloss wieder in Bewegung und verschwand wieder in der Strauchsavanne. Auf der Weiterfahrt begegnete uns eine Springbockherde ganz vertraut... doch plötzlich ein Fortrasen – und ganz in unserer Nähe hastete eine Löwin einem abseits gestandenen Stück hinterher... sie bekam es noch vor unseren Augen zu fassen – fraß für sich und ihren Nachwuchs. Dann tauchten zwei Giraffen in der Grassteppe auf, sie stellten sich parallel zueinander und äugten in der Gegend umher... und wieder sahen wir Herden von Springböcken, die zu Tausenden im Park vorkommen. Diese grazil wirkenden Antilopen können aus dem Stand einige Meter in die Höhe springen – aus „Spaß" oder, um ihre Artgenossen vor Raubtieren zu warnen.... Schließlich kamen wir in der „Salzpfanne" an.

Die „Etoscha-Pfanne" ist der Boden eines periodisch sich füllenden Sees mit einer Aus-

*Die berühmte 35 Meter hohe „Fingerklippe"
im Damaraland*

dehnung von 130 km in der Länge und 50 km in der Breite. Er ist das markanteste Merkmal des National-Parks und nimmt ein Viertel von dessen Gesamtfläche ein.

Es wird angenommen, dass die „Pfanne" sich vor etwa 100 Millionen Jahren gebildet hat. Vor ca. 16 000 Jahren floss der Kumene-Fluss von Angola bis nach Etoscha und bildete so für einige Zeit einen riesigen tiefen See. Später veränderte sich der Verlauf des Flusses aufgrund von tektonischen Plattenbewegungen in Richtung Atlantik. Das führte zum langsamen Austrocknen des Sees, bis schließlich eine „Salzpfanne" zurückblieb.

Solequellen haben kleine Hügel aus Lehm und Salz gebildet, die nun von den Tieren des Parks als Salzlecken benutzt werden.

Während der nassen Jahreszeit bilden sich durch das Regenwasser in der Pfanne kleine Teiche, und in besonders regenreichen Jahren kann sich auch die gesamte Ebene mit einem Wasserstand bis zu 10 cm Wasser füllen und auf diese Weise Tausende von Flamingos und Pelikanen anziehen. Die Pfanne liegt auf ca. 1000 Meter Höhe. Sie wird auch „Platz der Fata Morgana" oder „Land des trockenen Wassers", „Großer weißer Platz" oder „See der Tränen" genannt.

Von der Etoscha-Pfanne fuhren wir am gleichen Tag zurück in Richtung Ausgang und hatten sogar noch etwas Zeit für eine Pause am Wasserloch.

Von der Beobachtungstribüne konnten wir uns nochmals satt sehen an den Springbockherden, den Zebras und den Gnus.

Abends nach der Rückkehr bedankte sich die Gruppe bei den Farmleuten Johann und Elfi für die herzliche Gastfreundschaft und bei den Jagdführern für die so erfolgreiche Jagdführung im afrikanischen Busch.

Am nächsten Morgen hieß es für einen Teil der Gruppe: Fahrt zum Flughafen der Hauptstadt Windhoek und Flug zurück nach Deutschland. Den anderen Teil der Gruppe erwartete eine Erlebnis-Safari durch das Damaraland zum Atlantik. „Damaraland" ist die heute noch gängige Bezeichnung für ein zu vergangenen Zeiten als „Deutsch-Südwestafrika" benanntes Gebiet im Nordwesten Namibias, wo

Zwei Giraffen – ein interessanter Anblick.

*Im Tal Twyfelfontain am Brandbergmassiv die zehn-
tausend Jahre alten Tierfelsgravuren.*

....

das Hauptsiedlungsgebiet der gleichnamigen
Damara-Stammes ist. Es erstreckt sich südlich des Kaokaveldes bis etwa zu der heutigen
Nationalstraße Swakopmund und reicht im
Westen bis an die Skelettküste heran. Teil dessen
sind auch der Groodberg, das Brandbergmassiv
sowie die nördlichen Ausläufer der Großen
Randstufe, einer eigenartigen rauhen Landschaft.

Das Damaraland ist ein durch starke Kontraste
gekennzeichnetes Gebiet mit spektakulären
Schluchten, Tafelbergen und offenen Ebenen.
Unter anderem befindet sich im Damaraland
der höchste Berg Namibias: der Brandberg.
Jahrtausende alte Felsgravuren in Twyfelfon-
stein, ein versteinerter Wald, ein riesiger

Felsenfinger, das Brandbergmassiv, das über
2500 Meter aus seiner Umgebung herausragt.
Es ist beeindruckend, wenn sich aus der Ferne
gesehen, das gewaltige, 20 Kilometer lange
und 23 Kilometer breite Gebirgsmassiv aus
der Ebene erhebt. Wenn die Sonne aus west-
licher Richtung den Brandberg bescheint, so
leuchtet dieser glühend auf, als würde er bren-
nen. Das Brandbergmassiv ist mit 2573 Metern
der Königstein.

Bekannt ist der Brandberg durch die vielen
2000 bis 4000 Jahre alten Felszeichnungen,
angefertigt von den Buschleuten, die vor langer Zeit hier lebten. Darstellungen von Jägern
und eine große Anzahl verschiedener Tierarten
sind Zeichen für den Wildreichtum in damaliger Zeit.

Die bekannteste Felszeichnung, „the White
Lady" wurde am Brandberg 1917 von Reinhold

Maak entdeckt. Er hat als erster Europäer den Königstein bestiegen. „Twyfel fontein" ist eine der bedeutendsten Fundstätten von Felsgravuren mit über 2000 Petroglyphen. Diese Gravuren befinden sich auf glatten Felsplatten, sie stellen zumeist Tiere oder Tierfährten dar. Das Alter wird auf 1000 bis 10 000 Jahre geschätzt.

Im Jahr 1952 wurde das Tal von „Twyfel fontein" zum Nationaldenkmal und schließlich 2007 zum UNESCO-Welterbe erklärt. Der Name „Twyfel fontein" bedeutet so viel wie „Quelle des Zweifelns", da sich die hier niedergelassenen Farmer nie so recht auf diese Quelle verlassen konnten.

Das Damaraland wird überwiegend von Damara-Stämmen bewohnt, die ebenso wie die Sam-Buschmänner zu den ältesten Einwohnern Namibias gehören. Zu den größten hier lebenden Tierarten gehören Wüstenelefanten, Spitzmaulnashörner, Strauße und Spring-

böcke. Auf der Fahrt durch das Damaraland eröffnen sich immer wieder aufs Neue grandiose Landschaften mit bizarren Bergen und weiten steinigen Ebenen.

Ein weiteres Highlight im Damaraland sind die Ugab-Terrassen und die „Vingerklip"-Felskuppe auf dem Weg von Khorixas nach Outjo. Im Damara Living-Museum bei Twyfelfontein wird erstmalig versucht, die Kultur bzw. die ursprüngliche Lebensweise des Damara-Volkes zu rekonstruieren und zum Leben zu erwecken (die deutsche Übersetzung „lebendes Museum" ist leider etwas unglücklich gewählt). Das Open-Air-Museum liegt in malerischer Umgebung inmitten von riesigen Felskugeln aus rötlichem Granit.

Die „Fingerklippe" am Fuße der Tafelberge ist eine aus Sedimentgesteinsschichten des Tertiär aufgebaute Felsnadel rund 80 km südwestlich der Kleinstadt Outjo im Nordwesten Namibias. Diese Felsnadel ist ein Erosionsrest, eine Art Mini-Zeugenberg zur Schichtstufe,

Pelikane in der Walfischbucht.

Robbenreservat am Kreuzkap.

der Name „Vingerklip" lässt es ahnen: ein gewaltiger Felsenfinger, als würde jemand einen „Finger aus Stein" senkrecht in die Höhe recken. So steht die Fingerklippe da wie ein Monument und zählt zu den berühmtesten und bemerkenswertesten Felsformationen Namibias. Von der Fingerklippe hat man einen imposanten Blick auf das Ugab-Tal mit seinen Tafelbergen und Plateaus. Diese faszinierende Landschaft nennt man auch Ugab-Terrassen. Hier hat sich vor etwa zwei Millionen Jahren der Ugab, ein heute ausgetrocknetes Flußbett in die Landschaft eingeschnitten und hat durch wechselnde Fließgeschwindigkeiten und Ablagerung verschiedener Sedimente die „Terrassen" in ihrer heutigen Gestalt geformt. Die Fingerklippe ist sozusagen der „geologische Überrest" einer dieser Ugab-Terrassen, ihre geologische Ge-

schichte kann man an den verschiedenen Geröllwechseln wie in einem aufgeschlagenem Buch lesen. Die Fingerklippe steht auf einem Hügel und besitzt eine Höhe von 929 Meter über dem Meeresspiegel. Der Felsen der Fingerklippe selbst ist ca. 35 m hoch. Den Hügel kann man zwar erklimmen, das Besteigen der Felsnadel ist allerdings verboten.

In dieser Gegend findet man auch ein lebendes pflanzliches Fossil: die „Welwitschia mirabilis", eine Pflanze, die sehr alt werden kann – manche Exemplare sollen über 1500 Jahre alt sein. Diese Pflanzen sind endemisch, sie kommen nur in der Namib-Wüste vor. Sie bestehen aus einer Wurzel, einen kleinem Stamm und nur zwei Blättern.

Abbildungsnachweis

Bernd Heinrich 1 / Richard Hausberger 3 / Erich Marek 7 / Detlef Ritter 2 /
Prof. Manfred Schatz 3 / Dr. Karl Hellmut Snetlage 2 / UP Schwarz 1 / Dr. Hans-Dieter Willkomm 86 /
„Die Sommerresidenz der kaiserlichen Familie" – ohne Autor, Repro 2 /
Internet 2

Impressum

Herausgeber:
cw Nordwest Media Verlagsgesellschaft mbH Am Lustgarten 23936 Grevesmühlen
Tel./Fax: 03881/2339 info@nwm-verlag.de

Autor:
Hans-Dieter Willkomm
1. Auflage 2021

Gestaltung:
© khbdesignberlin

Herstellung:
cw Nordwest Media Verlag
Erscheint unter dem Label: FOX

ISBN: 978-3-946324-54-6